KB063267

인 류 의

마 지 막

정 착 지

새로운 세계가 열리고 있다.
지금까지 인류가 한 번도 발 디딘 적 없는 세계,
인간 세계의 확장이며 인간 DNA의 완성인 그곳.
인류의 마지막 정착지인 메타버스다.

인간의 상상력과 21세기 기술 문명의 결합인 이 신세계는
이미 인류가 탄생한 순간부터 예정되어 있었다.
고대 동굴 속 벽화에, 인류 문명의 상징인 문자 속에.
0과 1이라는 숫자 속에 숨겨져 있던 이 신비한 공간이
조금씩 그 실체를 드러내고 있다.
마치 현실과 가상의 갈라진 틈새에 존재하는
거대한 공간처럼.

한때 짧은 시간, 사람들은 메타버스라는 곳으로 몰려가
놀고, 일하고, 관계를 맺고, 부를 일궜다.
현실의 삶을 가상에서도 누릴 수 있다는 것을 경험한 사람들은
새로운 문명을 꿈꾸기 시작했다.
하지만 그 꿈을 실현하기에 메타버스는 충분하지 않았다.
물리적인 공간을 가상화하는 데 치중한 나머지
메타버스에서 할 수 있는 것이 많지 않았다.

사람들이 메타버스에 바라는 것은 무엇일까?
그럴듯하게 꾸며진 새로운 가상의 공간이 아니라,
현실의 제약을 넘어설 수 있는 새로운 삶의 무대다.
이루지 못한 꿈, 놓친 기회, 가보지 못한 길을 포기하지 않아도 되는 삶,
현재와 미래뿐 아니라 과거가 공존하는 삶.
행복, 꿈, 미래, 사상, 질서, 세계관과 같은
보이지 않는 가치가 흘러넘치는 삶.
이것이 갤럭시코퍼레이션이 제안하는 메타버스 2.0의 세계다.

메타버스는 인류에게 새로운 우주가 될 것이다.
손에 닿지 않는 현실의 우주가 아니다.
그것은 마음속의 우주, 상상 속의 우주,
가상과 현실의 경계를 뛰어넘은 우주다.
인류는 그곳에서
꿈과 희망으로 넘치는 미래를 꿈꾸며
새로운 삶을 살아갈 것이다.

삶과 죽음,
시간과 공간,
히스토리와 미스터리가 만나는 곳,

그곳이 바로 메타버스다.

202406 최용호 신태균

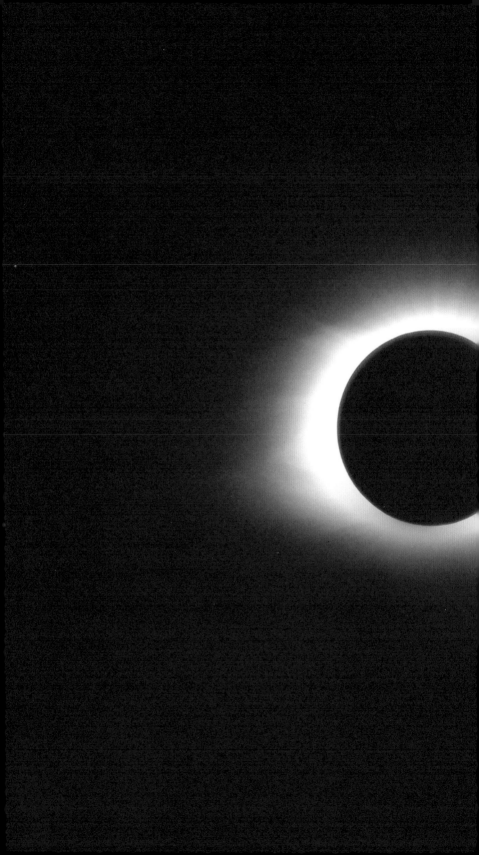

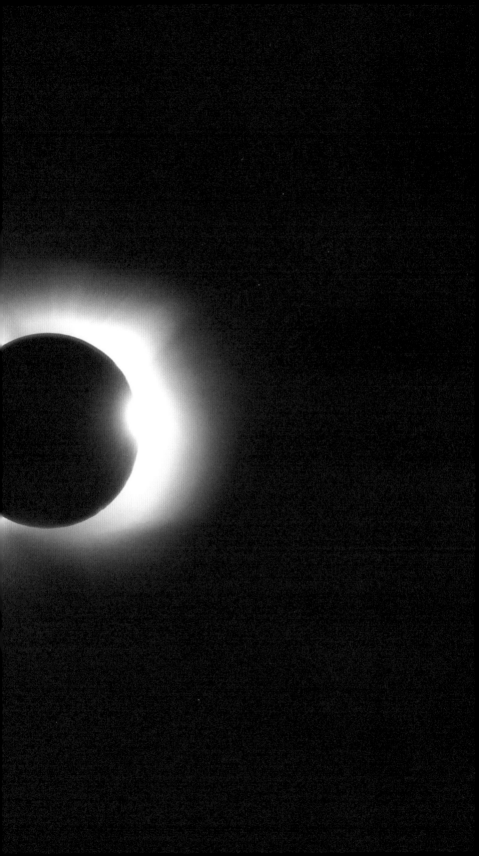

{ 1 }

우리는 어디서 왔을까

제네시스, 유니버스, 사피엔스

현재를 이해하기 위해선 과거를 알아야 한다.

_ 칼 세이건

'이 세상은 어떻게 시작되었을까. 이 넓은 우주에서 인
간은 어떤 존재일까. 나는 왜 하필 20세기에 태어나
21세기를 살아가고 있을까.'

인간은 누구나 자신이 어디서 왔는지, 자신이 어떤 존
재인지 궁금해한다. 그래서 자연스럽게 우주의 기원과
자신의 기원에 관한 이야기를 찾아 나선다. 과학은 이
러한 물음에 그럴듯한 답을 내놓는다. 널리 알려진 빅
뱅 이론에 따르면 우주는 대략 138억 년 전에 탄생했
다. 온도와 밀도가 무한대인 특이점^{singularity} 상태에서

어느 순간 엄청난 팽창이 일어나 우주가 시작됐다는 것이다. 물리적 장벽이 허물어지면서 우주는 팽창하게 됐고, 이 과정에서 물질과 에너지가 형성되어 지구를 비롯한 다양한 천체가 만들어졌다. 시간과 공간이 탄생한 순간이다.

현재까지의 관측 데이터나 실험 결과와도 꽤 일치한다는 평가를 받는 빅뱅 이론은 우주의 기원과 진화에 관한 가장 유력한 이론이다. 하지만 여전히 풀리지 않는 미스터리와 해결되지 않은 질문이 있다. 이를테면 빅뱅을 시간과 공간의 시작이라고 기준점을 찍는 순간, 바로 과거가 생겨난다. 빅뱅이 발생하기 이전의 '특이점'은 도대체 어떤 것이었을까. 그렇다면 그것은 시간과 공간이 아닌가.

시간과 공간의 '제네시스genesis'에 대한 사유의 한계에 부딪힌 인간이 결국 찾은 것은 신神이다. '태초에 신이 천지를 창조했다'는 한 문장에 기대어 존재의 기원을 설명하려는 접근은 동서양을 막론하고 모든 종교와 신화에서 발견된다. 빅뱅으로 시간과 공간이 어느 순간 갑자기 열린 것인지, 신이 날을 받아 세상을 창조한 것인지 지금으로선 알 길이 없다. 다만 존재의 기원을 궁금해하는 것은 지구상에서 오직 인간뿐이다. 지금까지 과학자들의 연구 결과에 따르면 인류의 조상이라고 할 수 있는 종species은 이 지구상에 대략 7,000만 년 전 아프리카 대륙에서 출현했다. 현생 인류인 호모사피엔스

가 나타난 것은 그 후로 한참의 세월이 흐른 약 20만
년 전의 일이다. 하지만 이들 모두 과거 인류가 남겨놓
은 흔적을 토대로 한 추정일 뿐이다.

시간, 공간, 인간이 어떻게 생겨났는지를 지금의 과학
으로 깔끔하게 밝혀낼 순 없다. 어쩌면 그것은 과학적
증명의 영역이 아니라 인간 사고의 한계를 넘어서는 직
관적 상상의 영역인지도 모른다.

아직 우리 존재의 기원에 대해 단정할 순 없지만 지금
우리가 말할 수 있는 건 있다. 세상은 시간, 공간, 인간
의 탄생으로 비로소 의미를 갖게 됐다는 것이다. 결국
인간은 사유의 세계에서 시간 속을 흘러가고 공간 속을
살아가며 우리 자신이 인간이라는 사실을 마주한다.

우리는 어떤 존재인가
호모사피엔스 메타버스

상상할 수 있다면 그건 이미 현실이다.

_파블로 피카소

'나는 어디서 와서 어디로 돌아갈까?' 단순한 호기심을 뛰어넘어 존재의 기원을 탐구하는 이 실존적 물음은 지구상의 수많은 종과 인간을 구별하는 고유한 특성에서 비롯된다. 그것은 바로 보이지 않는 것을 '상상'하고 '창조'하는 능력이다.

인류 역사는 주변 세계를 이해하고 가능성을 탐구하고 미래를 상상해 새로운 것을 창조함으로써 발전해왔다. 1994년 인류의 삶과 2024년 인류의 삶이 같다고 할 수 있을까. 기나긴 인류의 역사에 비해 불과 30년 사이 인류는 디지털 인터넷 혁명과 모바일 스마트 혁명이라는 거대한 기술 문명을 창조했다. 반면에 지능 면에서 인간과 가장 가깝다는 고릴라나 침팬지는 30년은 고사하고 수백만 년 동안 동일한 패턴으로 지구상에 존재하고 있다. 수백만 년 사이 인간과 침팬지의 엄청난 격차를 만들어낸 것, 인간에겐 있고 침팬지에겐 없는 것, 그것이 바로 상상력이다.

"비행기를 상상하고 그려낸 후에야 비로소 실제로 만들어낼 수 있었다"라는 라이트 형제의 말처럼 인류의 상상력이 현실을 바꿔놓았고 수많은 거대 문명을 일으켰다. 돌도끼를 손에 들고 있던 인간은 200만 년 후 고도의 기술 문명을 일으켜 스마트폰을 창조해냈다. 도구만이 아니다. 보이지 않는 것을 그리는 화가나 허구의 세계를 멋진 이야기로 풀어내는 소설가는 상상하는 인간의 능력에 한계가 없음을 보여준다.

이 점만 보더라도 인간은 지구상의 다른 종들과 구별되는 특별한 존재이다. 인간이 인간다울 수 있는 것은 보이지 않는 것을 상상하고, 상상한 것을 개념화하고 구조화해 현실로 구현해낼 수 있는 능력 덕분이었다. 수백만 년간 끊임없이 도구를 만들어낸 인간은 이제 우주선이라는 도구로 지구를 넘어 우주로 향하고 있다. 영화 〈2001 스페이스 오디세이〉(1968)에는 유인원이 하늘로 던진 뼈다귀가 우주선으로 변하는 명장면이 나온다. 인류의 기술 발전에 대한 상징적인 이야기를 담고 있는 이 장면이 인류가 달에 첫발을 내딛기도 전에 만들어졌다는 사실은 놀랍다. 이것이 바로 상상력의 힘이다.

2024년 현재, 인류는 또다시 거대한 변화의 출발점에 서 있다. 지금까지 인간은 시간과 공간 속에 갇힌 삶을 살았다. 어제를 되돌릴 수 없고, 미래를 현재로 불러올 수 없었다. 미국인에게 가장 존경받는 여성으로 꼽히는 엘리너 루스벨트(프랭클린 루스벨트 대통령의 부인)는 다음과 같은 멋진 말을 인용했다.

"어제는 히스토리history이고, 내일은 미스터리mystery이며, 오늘은 프레젠트present이다."

과거는 이미 흘러가 어쩔 수 없고, 미래는 알 수 없다. 중요한 것은 선물과도 같은 현재다. 그렇다면 지금까지 일방적으로 흘러가는 시간의 흐름을 뒤틀고, 없던 공간을 만들어낼 창조자로 지구상에서 인간 말고 또 어떤 생명체가 있을까. 우리는 지금 과거와 현재, 미래가 공존하는 새로운 세계, '호모사피엔스 메타버스'의 탄생 시점에 서 있다.

{ 3 }

우리는 어디로 가는가
카오스와 코스모스

우주는 질서와 무질서의 균형 속에서 존재한다.

_아이작 뉴턴

과거, 현재, 미래가 공존하는 메타버스 세상에서는 과
연 어떤 일들이 벌어질까. 지금의 삶보다 더 좋아질까
아니면 더 나빠질까. 더 복잡해질까 더 단순해질까. 메
타버스라는 새로운 세상에서 인류는 지금보다 더 행복
해질 수 있을까. 호모사피엔스 메타버스가 창조할 새
로운 문명을 눈앞에 두고 수많은 질문이 쏟아지고 있
다. 메타버스가 어떤 모습으로 구현될지 아직은 분명
히 그려낼 수 없기 때문이다. 다만 분명한 한 가지는 그
것이 인류의 삶을 전혀 다른 차원으로 이동시키고 무

한 확장하는 중대한 변화라는 것이다.

새로운 변화 앞에서 위협과 기회라는 2가지 견해가 팽팽히 대립하고 있다. 메타버스가 인류에 새로운 차원의 문명을 열어줄 '넥스트 인터넷'이 되리라 기대하는 찬성론자가 있는가 하면, 메타버스가 몰고 올 다양한 문제점을 지적하는 반대론자도 만만치 않다. 지금은 그야말로 메타버스를 둘러싼 카오스(혼돈) 상태다.

조금만 시계를 과거로 돌려보자. 인터넷이 처음 등장했을 때도 세상은 지금 못지않은 혼돈에 빠졌다. 인터넷이 가져올 기회보다 위기에만 주목한 이들은 인터넷이 음란물을 유포하는 범죄의 온상이 되고 게임 중독자를 양산할 거라고 했다. 인터넷이 처음 등장했을 때 노벨 경제학상 수상자 폴 크루그먼^{Paul Krugman}은 "인터넷의 가치는 팩시밀리의 절반밖에 안 된다"라고 말해 흑역사를 남겼다. 스마트폰이 등장했을 때도 마찬가지다. 스마트폰이 수많은 기업을 파괴하고, 일자리를 빼앗고, 인간관계를 피폐하게 만들 것이라는 비관론을 펼쳤다. 하지만 결국 혼돈은 점차 사라졌고, 인류는 혁신에 적응하며 새로운 질서를 만들어갔다.

인류의 역사를 돌아보면 카오스에서 코스모스로, 코스모스에서 다시 카오스를 반복하며 다음 단계로 발전해왔다. 옛 도시가 무너지면서 새로운 문명이 탄생했다. 그리고 새로운 문명은 또 다른 문명에 자리를 내주었다. 전쟁 뒤엔 반드시 평화가 찾아왔고 평화 뒤엔 다시 전쟁이 벌어지는 일이 반복되어온 것이 지금까지의 역사다. 인간은 언제나 과거의 실수와 교훈을 통해 배움을 얻고, 그것을 토대로 끊임없이 자기 수정을 하며 더 나은 미래를 만들어왔다.

지금 호모사피엔스는 메타버스를 둘러싼 거대한 도전에 직면해 있다. 메타버스가 인류를 어디로 데려갈지는 아무도 모른다. 더구나 메타버스가 종착역이 아닐지도 모른다. 그 미지의 세계에 호기심이 생기지 않는가. 다가올 새로운 문명이 당신의 삶을 어떻게 바꿀지 궁금하지 않은가. 그것이 궁금하고 마음의 준비가 됐다면 당신은 이미 시간과 공간의 지배자가 될 '호모사피엔스 메타버스'의 주인공이다.

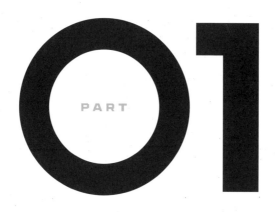

PART

01

메타버스 문명은 그냥 오지 않는다

인류의 역사에서 욕망을 거스르는 변화는 없었다.
문명사적 변화는 언제나 혁명으로 시작되고,
돌이킬 수 없는 방향으로 나아간다.
새로운 문명을 싫어할 수는 있어도 거스를 수는 없다.

역 사 와 문 명 은 모 두 불 가 역 적 이 다 .

네 번 째
파 도 가
온 다

"메타버스는 인류의 삶을 송두리째 바꿀 변화를 몰고
올 것인가?"
이 물음에 답하려면 지나간 문명에서 아이디어를 얻어
야 한다. 인류 전체의 역사에서 보면 실로 짧은 기간이
라 할 수 있는 기록의 시대, 즉 지난 5,000년의 역사에
서 답을 찾을 수밖에 없다.
문명은 '고도로 발달한 인간의 문화와 사회'를 뜻한다.
즉, 인류가 이룩한 물질적·기술적·사회구조적 발전을
가리킨다. 인류의 가장 오래된 문명으로 메소포타미아
문명, 이집트 문명, 인더스 문명, 중국 문명 등 4대 문명
을 꼽을 수 있다. 이 문명을 통해 인류는 농업, 도시, 문
자, 종교 등과 같은 중요한 발전을 이루었다. 이 4대 문

명은 모두 강 주변에서 발생했다. 강 주변이 농작물을 재배하고 물을 이용한 수렵·어로를 하기에 이상적인 환경이었기 때문이다. 인간은 4대 문명을 거치며 먹고사는 생존의 본질적인 한계를 뛰어넘는 진보를 이뤄냈다.

4대 문명과 함께
중요한 변화를 몰고 온 문명

4대 문명과 함께 그리스 문명 또한 인류 역사에 중요한 변화를 가져왔다. 기원전 2000년에서 기원전 1200년 사이에 그리스반도에서 번성한 이 문명은 철학, 예술, 정치, 과학 등에서 뛰어난 진보를 이뤄냈다. 기존의 4대 문명이 경제적 번영에 중점을 둔 물질 문명이라면, 그리스 문명은 특히 지적·문화적 발전에 중점을 둔 정신 문명이라는 측면에서 인류사에 새로운 획을 그었다. 이 시기에는 뛰어난 철학자들과 예술가들이 등장해 그리스 문화의 전성기를 이루었다. 특히 그리스 철학자들은 인간의 본성, 도덕, 정의에 관한 고찰을 통해 인류의 정신적 성장을 이끌었다. '생존'의 시대에서 '사유'의 시대로 건너가는 문명사적 분기점이 된 것이 바로 그리스 문명이다.

그리스 문명에 이어 인류 역사에서 빼놓을 수 없는 새로운 차원의 문명이 14세기 말부터 17세기 중반까지 유럽에서 일어난 근대 문명의 핵심인 르네상스다. 이탈리아어로 '다시 태어나다'라는 뜻을 가진 이 새로운 근대 문명을 통해 중세의 신 중심 세계관에 대한 도전과 혁신을 이뤄낸 인간은 예술, 과학, 철학 등 다양한 분야에서 창조적으로 활약하면서 비로소 세상의 중심에 서기 시작했다. 인간은 신에게 종속된 존재, 자연에 지배받는 존재가 아니라 신을 판단하고 자연을 정복하는 제3의 존재가 되었다. 개인의 능력과 창의성을 존중하고 강조하는 인간 중심 세계관을 형성한 이 시기에 과학과 인쇄술의 발명은 지식의 보급을 촉진했고, 이로써 지식의 접근성이 증가하면서 르네상스 이념은 더욱 퍼져 나갔다.

우리가 지금 경험하는 산업혁명은 그러한 르네상스의 마지막 결실이다. 산업혁명은 인류 역사에서 빼놓을 수 없는 사건이다. 문명사 관점에서 산업혁명은 인간의 삶에 커다란 영향을 미쳤다. 먼저 기계화와 자동화를 통해 대량 생산으로의 전환을 이끌며 산업화의 문을 열었다. 이후 교통과 통신의 혁명, 도시화와 노동력의 이동, 사회 구조와 인간관계의 변화 등 인간의 삶에 총체적 변화를 몰고 왔다. 인류는 세 단계의 산업혁명 과정을 거쳐 이제 네 번째 변화의 소용돌이에 놓여 있다. 기계화, 전기에너지를 통한 대량 생산, 컴퓨터와 인터넷 기반의 지식정보혁명 이후 이제 네 번째 파도가 세상을 덮치고 있는 것이다.

새로운 차원의
세계를 열다

지난 5,000년간의 인류 문명사를 해석하는 방법은 다양하다. 문명의 역사를 '도구혁명'의 역사로 해석하면 인간 지능의 발전사가 된다. 소와 말을 도구로 사용해 에너지를 비축한 인간은 시동을 걸면 저절로 움직이는 자동차를 발명했고, 이제는 자율 주행하는 자동차를 창조하는 도구의 혁명을 이뤄내는 중이다. 일일이 손으로 필요한 물건을 만들던 인간은 기계에 자신의 일을 대신 맡김으로써 극한의 노동에서 벗어났고, 이제는 공장의 기계조차 자동화 장치를 통해 스스로 알아서 돌아간다.

그런데 관점을 조금 바꿔 문명사를 '사고혁명'의 역사로 바라보면 새로운 진화의 흐름을 엿볼 수 있다. 그런 관점에서 보자면 르네상스는 인간의 사고 수준을 2차원에서 3차원으로 확장시킨 사고혁명의 대사건이다. 르네상스 이전과 이후의 그림을 비교해보면 확연하게 그 차이가 드러난다. 종교적 메시지를 전달하는 데 중점을 두었던 중세 시대의 그림은 평면적이다. 인물들은 종종 비율이 왜곡됐고, 공간적 배치는 비현실적으로 표현되었다. 원근법도 명암의 개념도 보이지 않는다. 성모 마리아 뒤에 그려진 후광이 큰 옷깃처럼 보이는 것은 이런 이유에서다. 옷깃처럼 그려진 그림을 후광으로 보는 중세인들의 사고를 신앙심의 정신승리로만 해석해버리기에는 아쉬움이 있다.

그런 면에서 레오나르도 다 빈치, 미켈란젤로, 라파엘로의 르네상스 미술은 예술사에 한 획을 그을 만한 혁명적 변화를 가져왔다. 이 시기의 화가들은 피사체를 3차원으로 표현하기 시작했다. 그들은 해부학적 지식을 활용해 인체의 구조와 움직임을 더 정확하게 표현했고, 세밀한 그림자와 조명을 활용해 공간적 효과를 높였다. 이를 통해 회화는 입체적이고 현실적인 표현이 가능한 3차원의 예술로 진화했다. 예술뿐만이 아니다. 구텐베르크의 인쇄술, 갈릴레오의 지동설, 음악의 역사를 바꾼 화성harmony 등 이 시기에 인간은 모든 면에서 한 차원 높은 문명을 창조했다.

한마디로 르네상스는 인간 사고가 2차원에서 3차원으로 업그레이드된 사고혁명의 사건이었던 것이다. 다시 말해 인쇄혁명, 콜럼버스 탐험, 종교개혁, 갈릴레이의 과학실험, 데카메론과 같은 문학의 탄생과 3대 화가의 미술혁명을 포괄하는 르네상스야말로 문학, 종교, 철학, 과학, 미술, 항해를 망라한 문명의 전 분야를 통해 인간의 사고를 평면적 2차원 사고에서 입체적 3차원 사고로 업그레이드시킨 사고혁명의 궁극적 플랫폼으로 이해해야 옳을 것이다. 그리고 산업혁명은 르네상스라는 정신 문명이 기계라는 도구를 통해 완성한 르네상스의 물질 문명적 파생상품이자 인류에게 더 편리하고 다채로운 3차원의 삶을 선물한 종합선물세트라고 볼 수 있다.

세월이 흘러 인간은 이제 4차원의 세계에 도전하고 있다. 이것은 3차원 세계에 대한 인간 지식이 비등점에 이르러 새로운 한계에 도전하는 모습으로 비유할 수 있다. 인간은 보고 만질 수 있는 물(3차원)의 세계를 넘어, 보고 만질 수 없지만 존재하는 공기(4차원)의 세계로 진입하고 있다. 지금 세상은 기포가 생기며 끓기 시작하는 90도에서 99도 사이의 어느 시점에 와 있다. 그런데도 인류는 지금까지의 3차원 문명에 만족할 수 있을까. 자신의 일을 대신해주는 똑똑한 기계와 어려운 질문에도 척척 대답해주는 인공지능이나, 스스로 운전하는 자율주행차 정도면 충분하다고 생각할까. 지난 5,000년간 반복된 문명의 카오스와 코스모스의 끊임없는 순환을 보면 이 질문에 쉽게 '그렇다'고 답할 수 없을 것이다.

혁신은 멈추지 않는 인간 사고思考의 엔진이다. 지금껏 인류는 새로운 문명을 일으킨 후 그것을 넘어서는 또 다른 문명을 일으키며 진화해왔다. 이 사실에서 우리는 인간들이 또다시 3차원이라는 인간의 한계를 벗어던지고 인류의 삶을 확장해줄 미지의 세계로 나아가기 위한 '사고혁명'을 시작할 것임을 어렵지 않게 예측할 수 있다. 그 길의 끝에 4차원의 세계가 기다리고 있다.

인　류
의
운　명

인류 문명의 역사는 신, 자연, 인간 간의 상호작용과 관계 변화의 과정이었다. 신과 인간의 관계에서 생겨난 종교는 동서고금을 막론하고 모든 곳에 존재한다. 인류는 아주 오래전부터 신이나 초자연적인 존재들을 숭배하며 자신들의 평안을 기원했다. 신을 통해 자연 현상의 근본을 해석하고자 했으며, 신에 대한 두려움은 도덕과 윤리, 사회적 규범을 탄생시키는 원동력이 되었다. 그리고 자연은 신 못지않게 인간에게 중요한 존재였다. 오랫동안 인류에겐 경외의 대상이었다. 먹이를 찾고, 숨을 곳을 찾고, 바위와 나무로 자신을 보호했던 인간은 자연과의 상호작용을 통해 농업혁명을 일으켜 식량을 생산하고 도시를 건설해 새로운 문명을 일으켰다.

그러나 이후 인간은 고도의 물질 문명을 일으키면서 자연을 훼손했고, 다양한 환경문제로 인해 오늘날 생존을 위협받는 처지가 되었다.

인간이 다른 인간과 사회를 형성하며 서로 협력하고 경쟁하며 발전해온 것은 당연한 사실이다. 정치, 경제, 문화, 예술, 기술의 발전은 인간 사이의 상호작용에서 비롯되었다. 또한 인간은 사회적으로 의미 있는 관계를 형성하고 가족, 친구, 이웃과 함께 살아가며 발전해왔다. 인간이 자주 '사회적 동물'로 비유되는 이유다.

오랜 세월 인류 문명의 원동력이었던 신, 자연, 인간의 3자 구도에 최근 커다란 변화가 생겨났다.

제4의 존재,
생각하는 기계

인류의 역사에 중요한 변화로서 네 번째 존재가 새롭게 등장했다. 바로 '기계'다. 여기서 기계는 방직기나 컨베이어벨트를 의미하는 것이 아니다. 이런 기계들은 인간보다 하위 개념의 도구로 존재했고 따라서 관계도 당연히 수직적이었다. 인간이 우위에 서서 기계를 조작하고 일일이 개입해야 비로소 제 기능을 발휘할 수 있었다. 기계는 인간에게 종속된 존재였다. 물론 기술 발달로 기계가 스스로 작동하는 자동화의 시대가 열렸지만, 자동화 머신의 대표주자인 로봇조차도 인간이 일일이 프로그램을 만들어줘야 움직인다. 인간을 행성이라고 한다면 기계는 위성과 같은 존재에 불과했다.

그런데 21세기 들어 스스로 생각하고 움직이는 기계가 생겨났고 이후 인류의 삶은 이전에 경험해보지 못한 새로운 차원으로 들어섰다. 챗GPT와 같은 생성형 인공지능(AI) 시대가 열리면서 지능을 가진 기계가 인간의 삶에 개입하기 시작했다. 인공지능은 빅데이터를 순식간에 먹어 치우며 지금 이 순간에도 부단히 자기 진화self evolution를 통해 똑똑해지고 있다. 인공지능이라는 뇌를 이식한 로봇은 인간의 직업을 하나하나 무장 해제하고 있다. 인간의 통제를 받던 기계는 스스로 움직이고 지능을 얻으면서 이전과는 전혀 다른 존재가 되어버렸다. 기계는 인간의 지배를 받는 하위 존재가 아니라 믿고 의지하며 때로 조언을 구하는 인간과 동등한 위치로 격상되었다.

주도권 싸움이
시작됐다

이제 인간은 신, 자연과도 그랬듯이 기계와 어떤 관계를 맺어야 할지를 고민할 때다. 이런 고민은 인공지능을 둘러싼 최근 몇 년간의 논의에서도 확연히 드러난다. 인공지능이 단순히 인간의 일자리를 빼앗을 거라는 문제 제기 수준을 넘어 인공지능의 눈부신 진화를 통해 인간 문명의 주도권을 송두리째 뒤집어버릴 엄청난 위협으로 받아들이는 단계에 와 있다. 인공지능이 달린 기계를 인간의 하위 개념이 아니라 동등한 존재, 더 나아가서는 경쟁해야 할 존재로 받아들이면서 인간은 인공지능이라는 새로운 대상과의 관계 정립을 고민하지 않을 수 없다.

호모사피엔스의 역사에서 새로운 문명은 인류에게 기회와 위기를 동시에 던졌다. 여기서 우리가 주목해야 할 것은 기계가 새로운 관계의 대상으로 등장한 지금, 인류 문명이 지금까지 경험해보지 못한 전혀 새로운 차원으로 나아가고 있다는 점이다. 상상의 주머니를 달고 살던 인간의 손에 고도로 발달한 테크놀로지가 쥐어지면서 상상을 눈앞에 구현할 메타버스라는 새로운 4차원의 세상이 열리고 있기 때문이다. 이른바 '노는 물'이 달라졌고 이것을 생활 속에서 자연스럽게 수용하는 새로운 인류가 등장하고 있다. 지금의 알파 세대가 스마트폰을 문신처럼 몸에 지니고 다니듯 앞으로 태어날 새로운 세대는 메타버스 기기를 몸의 일부처럼 지니고 가상과 현실을 자유롭게 드나들 것이다. 메타버스가 일상이 된 2045년의 삶을 다룬 영화 〈레디 플레이어 원〉(2018)에서처럼 식사, 잠, 용변 빼곤 뭐든지 할 수 있고, 뭐든지 될 수 있고, 어디든 갈 수 있는 새로운 세상이 열리고 있다. 여기서 질문 하나가 머릿속에 떠오른다. "인간과 기계의 상호작용이 만들어낼 메타버스가 과연 인간의 삶을 총체적으로 뒤흔드는 문명사적 변화를 일으킬 것인가?"

메타버스 문명은

029

그냥 오지 않는다

기　　술
　　의
블　랙　홀

우리는 지금 4차 산업혁명의 시대를 살고 있다. 새로운 차원의 삶으로 갈아타기에 충분한 사고혁명과 도구혁명을 이뤄내고 있을까. 이를 알려면 현재 인류가 창조하고 있는 4차 산업혁명의 본질을 이해해야만 한다. 2016년 스위스 다보스포럼에서 클라우스 슈밥[Klaus Schwab]이 기존 산업혁명을 뛰어넘는 기술의 발전 양상을 설명하고자 '4차 산업혁명'이라는 단어를 처음 언급한 이래 아직까지도 그 논쟁이 식지 않고 있다. 슈밥이 화두를 던진 이후 많은 전문가와 지식인들은 4차 산업혁명을 이전 산업혁명과 구별하기 위해 애쓰고 있다. 이를 위해 우선 3차 산업혁명과 4차 산업혁명의 본질적인 차이부터 살펴보자.

기술들의
무한 융복합

정보혁명이라 불리는 3차 산업혁명은 주로 컴퓨터와 인
터넷을 중심으로 발전해왔다. 디지털 혁명이 일어나고
인터넷이 도입되면서 전 세계가 네트워크로 연결되었
다. 이러한 기술의 발전은 정보기술산업의 성장을 이끌
었고 우리의 일상을 완전히 바꾸어놓았다. 클릭 몇 번
으로 지구 반대편에서 물건을 구입할 수 있게 되었고,
시간차 없이 전 세계 사람들과 실시간으로 소통할 수
있게 되었다. 일부만 독점했던 정보는 만인에게 열렸
고, 이를 바탕으로 다양한 아이디어를 가진 창업가들
이 출현해 새로운 혁신을 만들어냈다. 페이스북은 직
접 창작한 콘텐츠 하나 없이 세계 최대 미디어 기업이
되었고, 알리바바는 단 한 개의 재고를 소유하지 않고
도 세계 최대의 장터로 불리게 되었다.

이런 측면에서 보면 지금의 4차 산업혁명은 이전의 3차
산업혁명과 별반 다를 것이 없어 보인다. 다만 웹(Web)
에서 앱(App)으로 진화한 수준 정도로 보인다. 그러나
4차 산업혁명은 이전 산업혁명과는 미묘하지만 본질적
인 차이가 있다. 3차 산업혁명의 결과물들은 각각의 기
술이 독립적으로 일으킨 것들이다. 로봇은 로봇대로,
인터넷은 인터넷대로, 인공지능은 인공지능대로 각자
의 산업 안에서 독자적으로 발전했다.

그런데 어느 순간 이러한 첨단기술 간의 케미스트리가 폭발하면서 기술 발전의 양상이 화학적으로 달라져버렸다. 인공지능(AI), 빅데이터, 사물인터넷(IoT) 등의 기술이 끊임없이 이합집산하면서 새로운 산업이 생겨나고 혁신적인 결과물이 나오기 시작했다. 스마트시티는 IoT 기술을 활용해 도시의 다양한 시스템들을 통합하고 효율적으로 관리한다. 이는 단일 기술로는 절대 구현할 수 없다. 센서와 통신, 자동화, 에너지 등의 기술을 총동원해 절묘하게 융합해야 구현할 수 있다. 기계기술 전문 분야로 취급되던 로봇이 사람처럼 대화하려면 인공지능의 도움 없이는 불가능하다. 자율주행 자동차도 마찬가지다. 인공지능, 센서, 통신기술 등 다양한 기술이 융합되어야만 실현 가능하다. 의료 분야에서도 인공지능을 활용한 진단과 치료가 빠르게 발전하고 있고, 인공지능과 가상현실(혹은 증강현실) 기술의 합종연횡은 전통적 인력 기반의 지식산업으로 불리던 교육산업을 '에듀테크'라는 테크놀로지의 영역에 올려놓았다.

기술의 융복합은 산업을 가리지 않고 모든 분야에 일어나고 있다. 그야말로 기술들의 무한 융복합의 세계가 펼쳐지고 있다. 한마디로 미친 조합판crazy combination platform처럼 보인다. 인공지능, 사물인터넷, 생명공학, 로봇공학 등 다양한 기술이 하나로 합체되는 모습은 마치 슈퍼히어로들이 모여 엄청난 파워를 발휘하는 모습과 닮았다. 첨단기술의 어벤져스들이 우후죽순처럼 출현하는 형국이다. 이를 단순히 3차 산업혁명의 연장선에서 설명하기에는 무리가 있다.

첨단 기술을
빨아들이다

'융복합'이라는 4차 산업혁명의 전형적 특징 때문에 그 미래를 더욱더 예측하기 어려워졌다. 4차 산업혁명의 시대를 살고 있는 우리는 어마어마한 경우의 수 앞에 놓여 있다. 이전과 달리 미래를 예측할 때 훨씬 많은 변수를 고려해야 한다. 예전에는 단일 기술의 발전 양상만 살펴보면 미래를 어느 정도 예측할 수 있었지만, 이제는 각 기술은 물론이고 기술들이 어떻게 수직수평통합을 만들어 새로운 혁신을 낳을지까지 고려해야 한다. 수많은 퍼즐 조각이 섞여 있을 때 과연 어떤 조합이 무엇을 만들어낼지 알기 어렵다. 미래를 예측할 수 없는 상황을 우리는 '혁명'이라 부른다. 지금은 모든 기술이 하나로 뭉쳐지면서 마치 기술의 블랙홀로 빨려 들어가는 느낌이다.

하지만 이 4차 산업혁명 기술들이 이합집산해서 만들어내는 결과물을 자세히 들여다보면 미처 예상하지 못한 일이 벌어지고 있다. 4차 산업혁명을 구성하는 대표 분야 24개 가운데에서도 인공지능과 머신러닝, 사물 인터넷(IoT), 빅데이터, 블록체인, 가상현실과 증강현실, 5G, 클라우드 컴퓨팅, 생체 인터페이스와 생체 인식 기술, 감정 인식 기술과 감정 인공지능 등은 핵심 기술로 꼽힌다. 각 기술이 다른 기술과 연대를 노리며 빨려 들어가는 방향이 있다. 바로 메타버스다.

4차원이라는 새로운 공간을 창조해내기 위해 4차 산업혁명의 요소 기술들이 어마어마한 케미스트리를 발휘하여 서로를 빨아들이고 있다. 메타버스에서 AI는 가상 환경 내에서 현실과 같은 상호작용을 제공하고, 사물인터넷은 현실세계의 객체 및 장치와의 연결을 통해 가상 환경을 더욱 현실적으로 만든다. 블록체인은 메타버스에서 거래의 투명성과 안전성을 강화하며, 디지털 자산의 소유권과 거래를 보호하는 데 사용된다. 5G 기술과 클라우드 컴퓨팅 기술은 고화질의 가상현실 콘텐츠를 제공하고 대규모 데이터를 처리하는 데 필수다. 메타버스에서 보다 감동적이고 현실적인 상호작용을 위해선 생체 인식 기술 및 감정 인식 기술 또한 필요하다. 뇌과학, 생명공학 등 제반 기술들이 유기적으로 협력해야만 메타버스는 더 현실적이고 다양한 경험을 제공하며, 사용자들은 가상세계에서 현실과 유사한 상호작용을 즐길 수 있다.

메타버스는 단순히 가상현실이나 증강현실 기술만으로 구현할 수 있는 세계가 아니다. 메타버스 자체가 '기술'이 아니라 3차원에서 4차원으로 넘어가는 인간 '사고혁명'의 실체적 결과물이기 때문이다. 메타버스를 구현하는 인공지능, 가상현실과 증강현실, 블록체인이 기술이자 산업이라면 메타버스는 인간이 이 기술들을 빨아들여 창조한 새로운 '사회'이자 '세계'이며 결국에는 그것을 넘어서는 '문명'의 차원으로 이해해야 그 본질에 다가갈 수 있다.

앞으로 4차 산업혁명이 어떻게 나아갈지 예측하긴 어렵지만, 그래서 그 미래가 더욱 흥미롭다. 곧 다가올 AI와 결합한 메타버스 문명은 무궁무진한 가능성을 제시하며 우리의 삶을 혁신적으로 변화시킬 것이다. 탐사자가 되어 앞으로 다가올 메타버스라는 문명의 블랙홀에 빠져보는 건 어떨까. 그 블랙홀 안에는 우리가 살아갈 미래가 기다리고 있다.

신 대 륙 에
첫　깃 발 을
꽂 아 라

메타버스가 문명사적 변화를 몰고 올지에 대해서는 여전히 그 의견이 치열하게 갈리고 있다. 한쪽에서는 메타버스가 인류 역사상 가장 큰 기술적 진보가 될 거라며 부푼 기대를 감추지 않는다. 반면에 다른 쪽에서는 한때의 단순한 시대적 트렌드로 결론짓는다.

기대를 품는 사람들은 메타버스가 '미래의 인터넷'이 될 거라는 확신에 차 있다. 그러한 사람 중에 메타버스를 인류 역사상 가장 큰 기술적 진보라고 판단한 페이스북 창업자 마크 저커버그Mark Zuckerberg가 있다. 그는 "메타버스가 모바일 인터넷을 대체하고, 나아가 현장에 있는 듯한 생생한 경험을 가능케 하는 체화된 인터넷embodied internet이 될 것"이라고 주장한다. 그가 2004년

창립 이후 17년 만에 페이스북이라는 이름을 포기하고
사명을 '메타^{Meta}'로 바꾼 이유도 여기에 있다. 그는 메
타버스가 사람들이 현실세계와 가상세계를 넘나들며
생활하는 새로운 방식을 제공할 것이라는 확신에 차
있다. 그가 가장 젊은 나이의 글로벌 경영자임을 주목
하자.

하지만 반대쪽 의견도 만만치 않다. 미국의 SF 작가 닐
스티븐슨$^{Neal Stephenson}$은 "메타버스가 현실세계의 문제
를 해결하지 못할 뿐만 아니라 새로운 문제를 야기할
수 있다"라고 지적했고, 카네기멜론대학교의 연구원들
은 메타버스가 사회적 불평등을 심화할 수 있다고 경
고했다. 이들은 메타버스에 접근할 수 있는 사람이 제
한되어 있고, 가상세계에서의 경험이 현실세계의 불평
등을 반영할 수 있다고 우려했다. 우주 개발에 사활을
건 일론 머스크$^{Elon Musk}$는 "현실세계보다 더 나은 점이
없다"며 메타버스가 현실세계의 단순한 복제에 불과하
다고 깎아내렸다. 이들은 대개 메타버스가 현실세계의
문제를 가상세계로 옮겨놓은 것에 불과하다고 보고, 현
실세계의 폭력이나 불평등이 그대로 가상세계에서도
재연되며, 더 나아가 메타버스에 몰두하다 보면 현실
세계와 단절될 거라며 장밋빛 환상에서 빨리 깨어나야
한다고 목소리를 높인다.

그런데 이러한 우려와 경고가 어쩐지 낯설지 않다. 스
마트폰이 등장했을 때도 인터넷이 처음 등장했을 때도

마찬가지였다. 하지만 인류는 이제 스마트폰도 인터넷도 없는 세상에서 살 수 없는 존재가 되었다. 문명의 변화는 이렇듯 언제나 비가역적이다.

기술이 아닌
경험

메타버스는 인터넷이나 모바일 혁명을 넘어서는 새로운 문명이 될 수 있을까. 앞에서도 살펴보았듯 문명은 사람들의 삶을 더 나은 방향으로 변화시키고, 새로운 가능성을 열어주었다. 한마디로 문명은 인류의 발전을 이끄는 원동력이다. 메타버스가 문명이 되기 위해서는 인류의 삶을 더 나은 방향으로 변화시키고 새로운 가능성을 열어주는 원동력이 될 수 있어야 한다.

메타버스의 메타^{meta}는 '초월'을 의미한다. 시공간을 초월하고, 나의 한계를 넘어설 수 있는 새로운 세상이 바로 메타버스다. 2020년 전 세계를 강타한 코로나19 팬데믹은 현실의 문제를 해결하는 데 있어 메타버스가 얼마나 유용한지를 증명해주었다. 전 지구적인 감염병의 위협 앞에서 메타버스는 생존과 생활을 위한 도구로서 제 역할을 충분히 했다. 사회적 거리 두기 상황에서도 메타버스 세상에서 일을 계속하고, 가상세계에서 친구들을 만나 외로움을 달래고, 새로운 즐길 거리를 찾으며, 열광할 대상을 만났다. 또 누군가는 그 안에서 부를 일궜다.

이 과정에서 인류가 얻은 것은 기술이 아니라 새로운 '경험'이다. 인류는 새로운 삶의 방식을 경험했고, 다시는 이전의 세상으로 되돌아갈 수 없다는 사실을 깨달았다. 단순히 일하고 수업을 듣는 것을 넘어 상상할 수 있는 모든 것이 이뤄지는 무한한 가능성을 품은 메타버스 신대륙에 첫발을 디딘 것이다.

이미 빅테크 기업들은 일제히 메타버스라는 신대륙으로 가는 배에 승선을 마쳤다. 회사 이름을 아예 메타로 바꾼 페이스북은 메타버스 플랫폼과 하드웨어, 운영체제 개발 등 다양한 시도를 하고 있다. 마이크로소프트와 엔비디아도 메타버스에 엄청난 규모의 투자 계획을 발표하며 메타버스라는 모험에 자신들의 미래를 걸고 있다.

마크 저커버그가 메타버스 신대륙에 먼저 깃발을 꽂으려고 안간힘을 쓰고 있지만, 정작 대중의 관심이 쏠린 곳은 따로 있다. 바로 애플이다. 스마트폰 문명이 애플의 아이폰에서 시작되었고, 최종 승자도 결국 애플이었다는 것이 밝혀진 상황에서 애플에 눈과 귀가 쏠리는 것은 당연하다. 글로벌 투자은행 모건스탠리도 메타버스 보고서에서 "진정한 메타버스 세계는 애플이 뛰어들어야 비로소 시작될 것이다"라고 언급한 바 있다.

역시나 애플은 애플이었다. 2023년 6월 애플이 혼합현실(MR) 헤드셋 '비전 프로^{Vision Pro}'를 발표한 직후 6월 한 달 동안 메타버스 기업에 2억 달러가 넘는 투자금이 몰렸다는 외신 보도가 이어졌다. 이것을 두고 업계 관계자들은 메타버스가 일시적 유행이 아니라 시장에서 필요한 기술이라는 증거라고 입을 모았다.

물론 애플이 비전 프로를 소개하면서 메타버스라는 단어를 한 번도 사용하지는 않았다. '공간 컴퓨팅'이라는 새로운 용어를 사용해 메타버스와 선을 긋는 것처럼 보였다. 하지만 대다수는 공간 컴퓨팅이 메타버스를 의미한다고 해석했다. 강력한 하드웨어를 바탕으로 앱스토어, 애플뮤직, 애플TV 등 다양한 콘텐츠를 연결하며 새로운 시장을 만든 경험이 있는 애플이기에 7년간의 장고 끝에 내놓은 비전 프로가 메타버스 문명으로 인류의 이동을 더욱 가속시킬 거라는 데에 동의하지 않을 수 없다.

지금으로선 메타버스 신대륙에 어떤 새로운 문명이 숨어 있을지 알 길이 없다. 하지만 메타버스가 기존 문명을 휩쓸 파괴적 혁명이라면, 지금 우리가 해야 할 일은 다가오는 새로운 문명을 남들보다 빨리 상상하고 준비하는 것이다. 메타버스라는 미지의 공간에 누가 첫 깃발을 꽂을 수 있을까. 지구적 사고보다는 우주적 사고가 절실히 필요한 때인지도 모른다.

인 간 이
만 든
우 주

그 모습은 마치 불꽃놀이를 보는 것처럼 화려하고 신비로웠다. 지구에서 약 1,000광년 떨어진 우주에서 시작된 불꽃놀이가 빠른 속도로 우주를 가로지르며 강렬한 빛과 에너지를 뿜어냈다.

얼마 전 제임스웹 우주망원경JWST, James Webb Space Telescope이 포착해서 지구로 보내온 '슈퍼소닉 제트'의 신비로운 영상은 우주의 비밀을 푸는 데 인류가 한 걸음 더 다가갈 기회를 제공했다. 하지만 동시에 우주가 얼마나 광활하고 복잡하며 상상하기 힘든 공간인지 느끼게 했다. 도대체 인간이 우주의 어디까지 갈 수 있을지, 그곳에서 또 다른 생명체와 조우할 수 있을지는 21세기 현재 우주 개발을 둘러싼 중요한 화두임이 틀림없다.

'디지털 우주'인 메타버스를 둘러싸고 빅테크 기업들의 경쟁이 치열하다. 한편에선 실제 우주 패권을 둘러싼 전쟁이 한창이다.

가보지 못할 우주 vs. 갈 수 있는 우주

스페이스X의 창업자 일론 머스크와 아마존 창업자 제프 베이조스, 두 억만장자는 자신들이 벌어들인 천문학적인 돈을 우주에 쏟아붓고 있다. 우주 개발에 누구보다 뜨거운 열정을 보여주고 있는 일론 머스크는 민간 우주시대를 연 첫 주자다. 2019년 민간 우주선 '스타십'을 처음 공개한 머스크는 2050년까지 수백 명을 화성으로 이주시킨다는 구상을 밝히며 스페이스X의 몸집을 불리고 있다. 제프 베이조스는 우주로켓기업 블루오리진에 몰두하기 위해 지난 2021년 6월 결국 아마존 CEO 자리에서도 물러났다. 당시 언론에서는 일론 머스크를 따라잡기 위한 포석이라는 분석 기사를 내놓으며 두 억만장자의 우주 사업 경쟁에 불을 붙였다.

그러나 실제로 민간인을 처음으로 우주로 보낸 것은 일론 머스크도 제프 베이조스도 아니었다. 그 주인공은 2021년 7월 11일 초음속 우주비행기 'VSS 유니티^{Unity'}에 버진그룹 회장 리처드 브랜슨을 태우고 첫 우주 관광 시험비행에 성공한 버진갤럭틱이다. 버진갤럭틱에 1등 자리를 내준 제프 베이조스는 자신의 남동생과 함께 9일 뒤인 7월 20일 '뉴셰퍼드New Shepard' 로켓으로 우주여행에 성공했고, 일론 머스크의 스페이스X는 두 달 뒤에 탑승객 전원을 민간인으로 구성해 우주 관광에 나서서 성공했다.

물론 이러한 노력들이 대단하기는 하지만 한편으로는 의구심이 드는 것도 사실이다. 현실적으로 인류가 화성으로 발을 디딜 수 있을지, 원하는 사람들 모두가 화성으로 이주할 수 있을지는 다음 문제다. 지금으로선 우주를 잠깐 관광하고 오는 데에도 어마어마한 돈이 필요하다. 현재 우주에 발을 디뎌볼 수 있는 가장 저렴한 방법은 버진갤럭틱의 준궤도 우주비행기를 타는 것인데, 그러기 위해서는 45만 달러가 필요하다. 우리 돈으로 약 7억 원이다. 집 한 채 가격을 단 한 번의 여행에 쏟아부을 수 있는 사람이 지구상에 과연 몇 명이나 될까. 그나마 버진갤럭틱의 우주선은 대부호들에게는 고려해볼 만할지 모른다. 하지만 블루오리진의 첫 준궤도 우주선의 좌석은 경매에서 2,800만 달러(약 370억 원)에 낙찰됐고, 스페이스X의 민간 우주선 '인스피레이션4'의 가격은 대략 5,000만 달러(약 662억 원)로 추산되고 있다. 달러로 수백 억대 자산가가 아니고는 가볼 수 없는 곳이 우주다. 우주 관광을 둘러싼 억만장자들의 경쟁을 놓고 일각에서 기후변화로 지구가 신음하는데 한가롭게 '비싼 놀이기구'를 타려고 한다는 비판이 나오는 이유이기도 하다.

넷플릭스를 통해 개봉된 영화 〈돈 룩 업〉(2021)의 결말은 그런 면에서 의미심장한 메시지를 던지고 있다. 이 영화는 혜성이 지구로 향하고 있다는 사실을 깨달은 천문학자 민디(레오나르도 디카프리오 분)와 그의 학생 케이트(제니퍼 로렌스 분)가 이를 세상에 알리려 노력하는 과정을 그린 작품이다. 이들의 노력은 언론과 정치권의 무관심으로 실패하고, 결국 혜성의 충돌로 지구는 멸망한다. 영화의 마지막 장면에서 민디와 케이트는 가족들과 함께 평범한 저녁 식사를 하며 마지막을 맞이한다. 하지만 두 주인공과 다른 운명을 맞은 이들이 있다. 저 혼자 살겠다고 측근 3,000명만 우주선에 태우고 2년 만에 새로운 행성에 도착한 대통령 올린(메릴 스트립 분)이다. 그녀는 허무하게도 도착 직후 정체 모를 외계 동물에게 바로 잡아먹힌다. 인류의 멸망을 앞두고도 자신의 이익만을 추구하는 인간의 모습을 풍자적으로 그려낸 이 영화의 마지막 장면은 씁쓸한 여운을 남긴다.

인류의
마지막 개척지

도대체 왜 인류는 지구라는 최적의 장소를 버리고 사람이 살기에 최악의 조건을 가진 우주로 가려고 엄청난 돈을 쓰는 걸까. 자기 마음대로 지상 낙원을 황폐한 곳으로 만들고 나서 아무것도 없는 황무지를 개척하려고 기를 쓰는 이유가 무엇인가 말이다. 더구나 기껏 멀리 가봤자 화성 정도가 아닌가. 왜 인류는 지구에 최선을 다하지 않는가. 영화 〈돈룩업〉의 종반부에 민디 박사가 한 말이 떠오른다.

"우리는 멸망할 수도 있어. 하지만 그건 우리가 할 수 있는 최선의 노력을 다하지 않았다는 이유가 아니어야 해."

과학과 기술이 언젠가 우리를 머나먼 우주로 데려다줄지도 모른다. 우주는 까마득히 멀리 떨어져 있지만 디지털 기술의 발전으로 우리는 새로운 형태의 우주 여행을 할 수 있게 될 것이다. 한 발짝만 다가가면 도달할 수 있는 곳에 '메타버스'가 있다. 이곳에서는 누구나 자신의 공간을 만들고, 자유롭게 이동하며, 누구와도 소통할 수 있다. 가상의 세계에서는 우주 조종사가 될 수도 있고, 우주복을 입지 않고도 별들 사이를 자유롭게 유영할 수 있다. 화성에 잠깐 들렀다가 목성에서 매력적인 풍경을 만나볼 수도 있다. 당연히 억만장자가 아니어도 되고, 산소가 떨어질까 걱정하지 않아도 된다. 물론 메타버스가 현실의 우주를 완전히 대체할 순 없을 것이다. 진짜 우주에서 느껴지는 감동과 웅장함을 100% 느낄 수 없을지도 모른다. 그러나 인간의 상상은 우주 그 이상의 것을 창조할 수도 있다. 오히려 우주에는 실존하지 않는 더욱 황홀한 형태의 우주를 디자인할 수도 있다. 더구나 메타버스 우주 여행은 소수의 부호들만 누리는 특권이 아니라 평범하고 가난한 자도 누구나 갈 수 있는 세계다. 메타버스는 인간의 상상력을 더욱 확장시키며, 물리적인 제약을 뛰어넘어 우리를 더 넓은 새로운 우주로 안내할 것이다. 신이 만든 우주로 갈 수는 없지만, 인간이 만든 우주에는 갈 수 있다. 나는 이렇게 말하고 싶다.

"신이 코스모스를 창조했다면, 인간은 메타버스를 창조했다."

위 기 의
지 구 를
구 하 라

"지구는 우주적 관점에서 볼 때도 가슴 시리도록 아름답고 소중한 세상이다. 지구는 이 시점까지 우리가 아는 한 유일한 생명의 보금자리이다."

『코스모스』(사이언스북스, 2004)의 저자이자 세계적인 천체물리학자인 칼 세이건Carl Edward Sagan이 남긴 말이다. 그 후 60년 이상이 흐른 지금, 가슴 시리도록 아름다운 지구의 상태가 그리 좋지 못하다. 그가 이 말을 남길 당시 지구 종말시계doomsday clock는 11시 53분, 그러니까 자정 7분 전을 가리키고 있었다. 당시에는 환경오염보다는 핵전쟁의 위협과 국제 관계의 긴장이 반영된 시간이었다.

'운명의 날 시계'라고도 불리는 지구 종말시계는 1947년 미국 시카고대학교에서 발행한 핵과학회지 《불리틴The Buletin of the Atomic Scientists》에서 언급된 후 2020년까지 20여 차례 수정되었다. 자정을 인류 파멸의 날로 보고, 인류 스스로 만들어낸 위험한 기술과 그로 인한 자연 파괴가 얼마나 지구를 위협하고 있는지 대중이 각성하도록 만들어졌다.

자정 7분 전에서 시작한 지구 종말시계는 가장 최근인 2023년 1월에 자정에 가장 근접한 90초 전으로 당겨졌다. 지구 종말시계의 경고가 아니더라도 최근 지구 곳곳에서 일어나고 있는 이상 기후 현상은 지구 종말의 시계가 이미 11시 58분 30초를 지나 자정에 훨씬 가까워졌음을 보여준다. 60년 전에서 한 발짝도 나가지 못한 핵의 위협은 물론이고 지구 오염, 해수면 상승 등 모든 이상 현상이 지구환경의 황폐화가 극으로 치닫고 있음을 말해준다. 우리는 너 나 할 것 없이 인류의 물질문명이 꼭짓점에 이르렀음을 느끼고 있다.

인류 멸망
90초 전

물질 문명은 소비와 소유의 문명이다. 물질 증가와 소비 확대가 초래한 것은 자연의 희생이다. 자원은 점차 고갈되고 있고, 자원을 함부로 쓴 대가는 환경오염으로 돌아왔다. 지구에서 주인 행세를 한 인류는 다른 동물들을 몰아냈고 생태계는 점점 파괴되고 있다.

산업혁명이라는 기술 문명이 시작되면서 지난 200년 사이 신, 자연, 인간, 기계 사이의 관계에 틈이 벌어지기 시작했다. 이제 신과 자연은 인간에게 더 이상 경외의 대상이 아니다. 신을 부정하기 시작한 인간은 과학 기술 문명을 이용해 자연을 정복함으로써 자신의 발밑에 두고 지배하기 시작했다. 수백만 년간 자연과의 수평적 친화를 모색했던 인간은 이제 더 이상 자연에 굴복할 이유가 없어졌고, 자연을 제멋대로 부리고 파괴를 일삼았다. 자연과의 관계도 이러한데, 하물며 인간의 조종을 받는 기계야 말할 것도 없다. 무분별한 무기 사용으로 지금도 지구 어딘가에선 전쟁으로 수많은 사람이 죽어가고 있고, 인류를 동시에 파멸로 몰아갈 핵전쟁의 위협도 여전하다. 이러한 상황에서 영화 〈오펜하이머〉(2023)의 개봉은 시사하는 바가 크다.

물질 문명의 꼭짓점에서 우리의 마음은 더 허전하다. 자살률은 높아지고, 인간관계는 더욱 황폐해진다. 무언가를 찾아 헤매는데, 그 답이 어디 있는지조차 모르겠다. 그래서 우리는 자주 자신에게 묻는다. '나는 누구이고, 우린 어디에서 와서 어디에 있으며, 어디로 가고 있는가.'

"옛날엔 모두가 하늘을 올려다보면서 우주에 대해 궁금해 했어요. 그런데 지금은 땅만 보면서 먼지투성이 지구를 걱정하죠."

영화 〈인터스텔라〉(2014)에서 주인공 쿠퍼(매튜 맥커너히 분)가 황폐해진 지구를 바라보며 이렇게 말했다. 인류의 미래에 대한 진지한 고민을 담은 이 대사는 영화의 전체 주제인 '인류의 미래'를 함축하고 있다.

문명이 바뀌면
운명이 바뀐다

어떻게 하면 지구를 구하고 인류를 구할 수 있을까. 지구를 구하기 위해 지금처럼 또 다른 물질 문명을 창조해야 할까, 그도 아니라면 지구를 버리고 새로운 행성을 찾아 불확실한 우주 탐험에 우리의 운명을 걸어야 할까.

지구 종말시계가 채 2분도 남지 않은 지금, 지구는 우리에게 신속한 대응을 촉구하고 있다. 쓰레기를 철저하게 재활용하고, 전기차와 같은 친환경 교통수단을 이용하는 것만으로는 지구의 생태를 예전으로 돌리기 어려워졌다. 지혜의 인간으로 불리는 '호모사피엔스 사피엔스'의 시대가 계속된다면 더 이상 인류에게 희망은 없다. 지구를 망쳐놓은 게 인간인 만큼 그것을 다시 되돌려 놓는 것도 결국 인간의 몫이다.

지구 멸망을 막을 유일한 해결책은 문명의 전환이다.

인간이 신, 자연, 기계와의 관계를 회복하려면 지금의 물질 문명에서 정신 문명으로 전환되어야 한다. 정신 문명으로의 전환은 신과 인간, 자연과 인간, 기계와 인간의 관계 회복을 뜻한다. 인간이 우위에 있다는 생각으로 계속 상호관계를 파국으로 몰고 간다면 우리에게 미래가 없기 때문이다.

눈앞의 현실세계에 집착해 신이 창조한 지구를 더 이상 괴롭히지 말고 인간이 창조한 메타버스라는 새로운 우주로 나아가는 것이 지구와 인류가 공존할 수 있는 길이다. 그런 면에서 메타버스는 우리에게 놀라운 기회를 줄 것이다. 가상환경에서 시뮬레이션을 통해 환경문제를 해결하는 방법을 배우고, 실제로 행동하기 전에 미래를 예측할 수 있다. 메타버스 세계에서 비즈니스 회의나 국제회의를 진행한다면 이동에 따른 탄소배출을 줄일 수 있다. 가상공간에서 사람들이 더 오래 체류하면 탄소배출이 획기적으로 절감된다. 가상공간에 멋진 건물을 짓고, 자동차를 운전하는 등의 활동을 하면 현실세계에서 건물을 짓고, 자동차를 운전하는 것보다 자원을 덜 사용하고 쓰레기도 덜 버릴 것이다.

결국 인간은 메타버스라는 문명의 대전환을 통해 탄소와 쓰레기를 더 많이 배출하지 않고도 자신의 욕구를 충족하고, 사람들과 관계를 맺고, 행복을 증진하고, 평화를 구축할 수 있다. 이것을 통해 궁극적으로 자아의 성장과 성숙을 이뤄낼 수 있다. 비로소 신, 자연, 기계와 건설적인 관계를 구축할 수 있게 되는 것이다.

인류에게 시간이 얼마 남지 않았다. 지금 이대로라면 지구는 멸망을 맞을 수밖에 없다. 인류의 운명이 바뀔 중대한 지점을 90초 남겨둔 지금, 메타버스 문명은 우리에게 분명하게 이야기하고 있다.

"(지구)문명을 바꾸어야 (인류)운명을 바꿀 수 있다."

이것이 바로 인류에게 주어진 새로운 혁명의 핵심이다. 인간의 사고혁명을 통해 인류는 지금까지의 3차원 세상을 뛰어넘어 4차원 세상으로 진입해야 한다. 우리는 바야흐로 문명사적 전환기를 앞두고 있다.

문 명
의
뫼 비 우 스

'One More Thing'
2023년 6월 5일 미국 실리콘밸리 쿠퍼티노의 애플 파크
에서 진행된 애플의 연례 개발자 콘퍼런스(WWDC 2023)
행사에 애플의 기술 혁신과 놀라움을 상징하는 이 문
구가 다시 등장했다. 기조연설이 끝나고 애플 CEO 팀
쿡이 무대에 모습을 드러내자 화면에 이 문구가 나타
났고 청중들은 일제히 숨을 죽였다. 16년 전 검정 터틀
넥에 청바지를 입고 무대에 올라 아이폰을 소개하던
스티브 잡스의 모습이 겹쳐지는 순간이었다. 문구가 사
라지고 마치 블랙홀처럼 모든 것을 빨아들일 듯한 까
만 화면과 정적이 지나간 후 많은 사람이 궁금해 마지
않던 혼합현실(MR) 헤드셋 '비전 프로'가 영롱한 모습을
드러냈다.

애플과 메타의
M R 기기 전쟁

행사가 끝난 후 테크 업계에서는 갑론을박이 이어졌다. 이미 디자인과 스펙이 공개된 뒤여서 새로운 혁신은 없었다는 평가가 나오는가 하면, 헤드셋을 쓰고도 외부 세계와 소통할 수 있는 비전 프로에 '역시 애플'이라며 엄지를 치켜세우는 이들도 있었다. 불과 몇 년 전만 해도 팀 쿡은 "마크 저커버그가 또 다른 환상에 빠져 있다"라며 메타버스로 향하는 저커버그의 행보를 비아냥거렸다. 그랬던 팀 쿡이 행사 다음 날인 6월 6일 증강현실(AR) 스타트업 미라^{Mira}의 인수를 발표했다. 월가에서는 그의 행보를 놓고 애플이 본격적으로 메타버스 플랫폼 시장에 뛰어든 것이 아니냐는 평가를 내놓고 있다. 스마트폰 생태계를 장악했던 주인공이기에 많은 이들의 시선이 애플에 쏠리는 것은 당연하다.

그렇다면 일찌감치 메타버스에 대한 야망을 드러냈던 마크 저커버그는 비전 프로에 어떤 반응을 보였을까. 메타버스 세계를 선점하겠다는 야망을 숨기지 않는 그는 2021년 사명을 메타로 바꾸는 모험을 단행하며 자신의 목표가 메타버스 신대륙에 가장 먼저 깃발을 꽂는 것임을 천명했다. 그의 야망은 2014년 VR 헤드셋 개발사 오큘러스^{Oculus}를 20억 달러에 인수하면서 대중에 드러나기 시작했다. 2016년 새해 벽두에 첫 번째 소비

자용 VR 헤드셋 '오큘러스 리프트^{Oculus Rift}'의 예약 판매를 개시했고, 2018년에는 무선으로 사용할 수 있는 '오큘러스 퀘스트^{Oculus Quest}'를 출시하며 VR 헤드셋의 대중화에 성큼 다가섰다. 2020년 저커버그는 가상현실 플랫폼 '호라이즌^{Horizon}'을 출시하며 자신의 야심이 하드웨어 제조사가 아니라 메타버스 생태계를 장악하는 것임을 분명히 했다. 애플 비전 프로 출시 나흘 전 야심작인 '퀘스트 프로^{Quest Pro}'를 대중에 공개했다.

마크 저커버그는 3년 만에 처음으로 오프라인에서 열린 사내 전체 미팅에 모습을 드러냈다. 그는 비전 프로에 대해 다음과 같이 평가절하했다.

"혼자 소파에 앉아 있는 사람만 보인다."

사람들이 새로운 방식으로 상호작용하는 것을 기본 속성으로 하는 메타의 '퀘스트 프로'와는 갈 길이 다르다며 "비전 프로가 컴퓨팅의 미래 비전이 될 수는 있겠지만 내가 원하던 버전은 아니다"라며 선을 그었다. 이를 두고 일각에서는 비전 프로가 메타의 '퀘스트 프로'와 성격이 다르다는 점을 강조하고 싶었던 애플로서는 저커버그가 나서서 그 차이를 밝혀준 것에 대해 오히려 감사했을 것이라는 논평을 내놓기도 했다.

위대한 문명의
주인공은 누구인가

메타와 애플의 경쟁이 본격화하면서 누가 지구 문명의 마지막 탐사자가 될지 이목이 쏠리고 있다. 지금으로선 누가 메타버스라는 이름의 우주 또는 신대륙에 깃발을 꽂을지 알 수 없다. 확실한 것은 인류의 마지막 희망이 메타버스 창조자들의 손에 달려 있다는 것이다.

메타가 2014년에 인수한 VR 헤드셋 기업 오큘러스는 라틴어로 '눈'을 의미한다. 사명에 우주의 눈으로 세상을 보라는 원대한 뜻을 담은 것이다. 새로운 문명을 이끌 리더가 되려면 메타버스를 단순한 입체적 사고 수준을 넘어 4차원으로 바라보는 '눈(안목)'이 중요하다.

나는 앞서 펴낸 책인 『인재의 반격』(쌤앤파커스, 2020)을 통해 세상을 바라보는 4가지 눈, 즉 시력, 시야, 시각, 시선에 관해 이야기한 바 있다. 시력視力은 물체의 존재나 형상을 인식하는 능력이다. 구체적으로는 사물이나 현상의 미세한 변화를 감지하는 능력이다. 당연히 시력이 좋으면 남들보다 더 잘 볼 수 있다. 그런데 세상을 더 넓게 보기 위해서는 시야視野가 필요하다. 아무리 시력이 좋아도 좁게 바라보면 세상을 제대로 보고 있다고 말할 수 없다. 남들이 나무를 볼 때 숲을 보고, 3차원으로 볼 때 4차원으로 보고, 지구를 볼 때 우주를 볼 수 있는 안목을 갖추어야 한다. 시야가 넓을수록 사람, 사물, 세상을 더 크게 생각하고 더 크게 볼 수 있다. 시각視角은 문자 그대로 사물을 바라보는 각도를 의미하며 사물을 관찰하고 파악하는 기본자세와 관계가 있다. 사물은 어느 각도에서 보는지에 따라 다르게 보인다. 다르게 본다는 것은 남들과는 다른 각도로 세상을 보는 능력이다. 세상은 언제나 그런 능력을 가진 사람들이 이끌어간다. 스티브 잡스는 이것을 'Think Different'라고 표현했다. 마지막으로 시선視線은 눈이 가는 방향, 눈이 가는 길을 뜻한다. 어디에 관심을 기울이고 있느냐 하는 관점에 관한 이야기다. 누군가는 다른 사람의 약점에 집중하는 반면에 누군가는 강점에 집중한다. 기회에 집중하는 기업가가 있는가 하면, 위협 요인에 더 집중하는 기업가도 있다. 시선은 한마디로 사물의 본질을 파악하는 능력이다. 따라서 본질에서 벗어나거나 원칙에서 무너져 내리는 판단을 하지 않기 위해서는 사물을 올바른 시선으로 바라보는 것이 중요하다.

메타버스는 3차원의 세상에서 4차원의 세상으로 진화하는 인류의 새로운 문명이자 마지막으로 가야 할 길이다. 새로운 차원이 열리는 신문명新文明인 만큼 다른 사람이 바라보지 않는 시각과 올바른 시선으로 세상을 폭넓고 주의 깊게 바라봐야 한다. 세상을 2차원에서 3차원으로 확장시킨 르네상스의 사상가와 예술가들이 그랬듯이 말이다. 한 차원 높은 눈으로 바라보면 보이지 않던 세상이 보인다. 마치 영화 〈식스 센스〉 (1999)처럼 말이다.

세상은 카오스와 코스모스의 무한 순환으로 흘러가고 있다. 세상이 그렇게 흘러간다면 인간도 동기화해서 그렇게 흘러가야 한다. 누가 먼저 메타버스를 시작했는지는 중요하지 않다. 언제나 그렇듯 누군가는 상상하고, 누군가는 창조하고, 다른 누군가는 따라가고, 또 누군가는 그 결과물을 누린다. 인류는 그러한 과정을 통해 새로운 문명을 건설해왔다. 당신은 이들 중 몇 번째 사람이 될 것인가.

분명한 것은 보이지 않는 세계를
보이는 세계로 바꾸는 자가
인류의 미래를 희망으로 바꿀
주인공이 될 거라는 사실이다.
그리고 후세 사람들은 그들을
호모사피엔스 메타버스로
기억할 것이다.

PART

오래된 인류의 꿈

꿈꾸고 상상함으로써 현실을 초월하고자 했던
인간의 마음속에는 언제나 메타버스가 있었다.
다만, 첨단기술로 이제야 그것을 구현할 수 있게 되었을 뿐이다
수백만 년간 묶여 있던 인류의 오랜 욕망이

드
디
어

깨
어
나
고

있
다 。

오 래 된
미 래 ,
메 타 버 스

지난 몇 년간 메타버스 붐이 일었다가 순식간에 꺼져버 렸다. 이를 두고 메타버스를 '반짝 인기'에 불과한 것으 로 치부하기도 한다. 그러나 이들은 대부분 메타버스 의 정의에서 기술적 관점에만 주목한다. 메타버스가 무 엇인지에 대해 생성형 인공지능(AI) '챗GPT(ChatGPT)'에 게 물어보면 다음과 같이 답한다.

'현실과 가상이 결합한 공간으로서, 인터넷과 가상현실 기술을 이용해 구현되는 환경입니다.'

각 분야의 전문가들과 학자들 또한 각자의 시각에서 다양한 정의를 제시하고 있다. 경제학자들은 메타버스 를 디지털 경제의 일부로 받아들이고, 사회학자들은 사회적 상호작용과 문화적 활동이 가능한 디지털 공간으로, 미디어 전문가들은 디지털 미디어와 엔터테인먼트 산업의 확장으로 메타버스를 이해한다. 한편 대중들은 메타버스라는 단어를 들으면 VR 헤드셋을 쓰고 들어가는 가상의 공간이나 버추얼 휴먼 기술을 이용해 구현하는 아바타 같은 것을 떠올린다.

지금의 VR 헤드셋 기술로는 가상과 현실을 구분할 수 없을 만큼의 몰입감을 만들어낼 수 없다거나, 아바타가 인간의 모습과 움직임을 그대로 구현하기에는 아직 기술적 완성도가 떨어진다는 불평을 늘어놓는다. 언뜻 날카로운 분석처럼 보이지만 이것은 메타버스의 본질을 놓친 시각이다.

본질을 알면
다른 것이 보인다

기술적 관점에만 매몰되지 않는다면 메타버스의 진정한 의미와 새로운 문명을 향한 인간의 욕망이 무엇인지를 보다 잘 이해할 수 있다. 챗GPT가 제시한 정의를 다시 보자. '현실과 가상이 결합한 공간'이라는 개념에 주목해 인류 역사를 탐구하다 보면 메타버스라는 세계가 느닷없이 등장한 것이 아니라 수백만 년 혹은 수천만 년 전에 이미 존재했던 세계임을 알 수 있다.

아주 멀리 올라가면 고대 동굴 벽화에서 그 원형을 발

견할 수 있다. 현실을 넘어서는 이야기를 품고 있는 이 오래된 예술품에서 우리는 시공간의 제약을 뛰어넘어 새로운 세계를 탐험하고자 한 인류의 오랜 욕망을 읽을 수 있다.

대표적인 예로 프랑스의 유명한 고고학적 발굴지인 라스코 동굴의 벽화가 있다. 이 벽화는 기원전 1만 5000년 전후 석기 시대를 살았던 인류가 그린 것으로 추정된다. 다양한 동물이 그려진 그림에는 사냥의 성공을 기원하는 주술적 의미가 담겼을 것으로 추측된다. 주목할 점은 그중 일부가 현실세계의 동물과는 상당히 다른 모습이라는 것이다. 뿔을 가진 말, 두 다리로 우뚝 선 말, 동물의 머리와 사람의 몸을 가진 동물 등은 실제 존재하지 않는 상상 속 동물이다. 또 어떤 동물은 실제 동물의 특징을 과장해 표현되기도 했다. 이러한 상상의 동물들은 당시 사람들의 상상력과 믿음을 반영한 것으로 해석한다. 당시 인류는 자연과 우주에 경외심을 가졌고, 이러한 경외심을 상상의 동물을 통해 표현하려고 했던 것으로 보인다.

라스코 동굴보다 더 오랜 석기 시대에 그려진 스페인의 알타미라 동굴 벽화 또한 고대인들의 놀라운 예술적 재능과 상상력을 보여준다. 특히 동굴의 요철을 이용해 들소를 사실적으로 표현한 그림은 보는 이의 탄성을 자아낸다. 그런데 이 동굴 안에는 동물만 그려져 있지 않다. 사람의 손바닥 모양, 그리고 기하학적인 문양이 학자들의 호기심을 불러일으킨다. 이러한 형태는 현대의 추상화와 마찬가지로 고대 예술가들이 상상력을 발휘해 사물에 의미를 담아 형상화한 것이다. 피카소는 이 동굴을 본 후 "우리 중 누구도 이렇게 그릴 수 없다. 알타미라 이후에 미술은 퇴보했다"라는 극찬을 남기기도 했다.

인간의 DNA에 탑재된
메타버스

동굴 벽화는 고대인들이 보이는 것만을 그리지 않고 보이지 않는 세계에 대한 상상력과 예술적 역량을 발휘해 '현실과 가상의 경계를 넘나들었다'는 사실을 상기시킨다. 동굴 속에서 더 높은 차원의 현실로 나아가는 문을 열어놓았던 고대인들에게 동굴은 자신들의 '메타버스'였던 셈이다. VR 헤드셋과 3D 그래픽 기술이 없었던 고대인들은 자신들이 만들어낸 문명의 한계 안에서 메타버스를 구현했다.

결국 인간은 단순한 경험의 세계뿐만 아니라 보이지 않는 세계를 상상하고 그려내는 능력을 보유하고 있으며, 그 능력을 바탕으로 줄곧 메타버스와 함께 살아왔다. 인간의 DNA에는 이미 메타버스가 탑재되어 있었다.

인간은 생각하는 존재인 동시에 상상하는 존재다. 다

시 말해 유일하게 이성적인 사유와 감성적인 상상을 동시에 구사할 수 있다. 그런 존재이기에 그리스 신화와 같은 허구적 이야기를 만들어놓고 수천 년간 다양한 해석을 통해 인간 사회의 서사를 설명해왔다. 서구인들에게 그리스 신화는 일종의 메타버스 세계의 역할을 해온 셈이다.

동양적 세계관에서도 메타버스는 다양하게 발견된다. 동양의 예술, 신화, 문학에 끊임없이 등장하는 용은 신성함과 상징성을 지닌 존재로서 인간의 상상력을 뛰어넘는 신비로움을 불러일으킨다. 전투와 동시에 지혜와 평화를 상징하기도 한 이 우아하고 위엄 있는 창조물을 통해 동양인들은 현실과 가상의 경계를 넘나들며 자신에게 닥친 어려움을 극복하고 더 나은 미래를 창조하기 위한 용기를 얻었다.

동양의 이런 사상과 세계관은 한자라는 문자에 고스란히 표현되었다. 생각하는 존재로서의 인간을 한자로 표기하면 글이라는 뜻을 가진 '文'(문)으로 쓸 수 있다. 그런데 이 글자 앞에 실을 뜻하는 '絲'(사)를 붙이면 무늬를 나타내는 '紋'(문)이 된다. 흔히 '紋樣'(문양)이라고 표현할 때 사용하는 글자인데, 앞서 예로 들었던 서양 고대 벽화의 문양을 생각하면 이 글자가 뜻하는 바가 무엇인지 쉽게 이해할 수 있다. 현실과 상상의 세계를 연결해 새로운 것을 창조하는 인간을 표현하기에 이보다 적확한 글자가 있을까.

그런 의미에서 가상현실 소프트웨어 기업 임프로버블 Improbable의 CEO인 허먼 나룰라Herman Narula가 "메타버스는 우리가 그것을 표현하고 도달하는 데 사용하는 장치와는 거의 관련이 없다"라고 한 말은 의미심장하다. 그는 "메타버스는 그 안에서 얻는 경험과 사회적 상호작용, 그 경험에서 창출되는 의미와 가치가 다른 세계와 교환되는 방식에 따라 정의된다"라고 말했다. 그에 따르면 이집트의 피라미드나 튀르키예의 괴베클리 테페Göbekli Tepe처럼 인간이 물리적 현실과 다른 세계의 공존을 상징하기 위해 세운 고대 유적은 인간의 상상력과 발전된 도구로 이미 수천 년 동안 메타버스 세계를 여행해왔음을 보여준다.

메타버스는 VR 헤드셋이나 블록체인 혹은 그 위에 구현된 네트워크 이상의 의미다. 메타버스는 수천만 년 동안 인간이 미지에 대한 상상을 통해 만들어낸 결과물이다.

메타버스는
실재하는가

'메타버스는 실재하는 것일까, 아닐까?'

만약 이 질문을 받았다면 적절한 해답을 찾느라 당신의 머릿속이 조금은 복잡해질 것이다. 쉽게 답할 수 있는 질문이 아니기 때문이다.

"만질 수 없으니 실재하는 세계는 아니잖아. 현실세계는 엄연히 따로 있는데."

"무슨 소리야. 그래도 볼 수 있고 느낄 수 있으니 실재하는 거지. 없는 건 아니잖아."

둘 다 일리 있는 대답이다. 그런데 만약 이 자리에 과학자나 엔지니어가 함께했다면 허벅지를 꼬집어가며 인내심을 발휘해야 할지는 모르겠지만 제법 그럴듯한 대답을 들을 수도 있다.

"메타버스는 물리적인 공간이 아니라 컴퓨터와 네트워크를 통해 구현되는 디지털 환경일 뿐이야. 물리적으로 존재한다는 어떤 특성도 보이지 않으니 실재한다고 할 수는 없지. 꿈이 실재하는 건 아니듯이 말이야."

이쯤에서 누군가는 인내심의 한계를 느낀 듯 이렇게 말할 것이다.

"그게 뭐 그렇게 중요해. 있다고 생각하면 있는 거지. 있다고 치고 그냥 밥이나 먹자!"

말장난 같지만 네 개의 대답은 각자 서로 다른 '사유의 회로'를 거쳐 나온 결과이다.

미리 말해두지만 이 질문에 정답 같은 건 없다. 어떻게 생각하고 느끼느냐에 따라 메타버스는 실재할 수도 있고 아닐 수도 있기 때문이다. SF영화를 함께 보면서도 누군가는 영화 속에 완전히 몰입해 딴 세상에 가 있는 사람도 있고, 중요한 대목에서마다 "저거 다 CG야"라고 초를 치는 사람도 있다. 다만 이 질문과 대답에서 우리는 인간의 사유체계가 메타버스라는 영역과 어떤 연관을 가졌는지에 대한 중요한 단서를 찾을 수 있다.

인간의 사유로
설명할 수 없는 것들

인간은 대개 경험, 과학, 철학, 종교라는 4가지 영역의 사고체계를 기반으로 사유한다. '만질 수 없으니 메타버스는 실재하지 않는다'는 답변은 경험의 회로를 거쳐 나온 생각이다. 보고 듣고 만지는 것을 통해 그것이 참인지 거짓인지를 가려내는 사유의 체계다. 이들에게 만약 "사랑은 존재하는 걸까?"라고 질문한다면 "사랑의 희열을 감정적으로 느껴봤으니 그것은 분명 존재하는 게 맞아"라고 답하거나 "시간이 지나면 사라지던걸. 그러니 사랑 같은 건 인간이 만들어낸 허상일 뿐이야"라며 냉소적인 답을 내놓을지도 모른다. 어느 쪽이든 자신이 경험한 세계 안에서 답을 구하려는 사유의 체계다.

메타버스에 대해 '물리적인 공간'과 '디지털 환경'으로 설명하는 방식은 당연히 과학적인 사유의 회로를 거쳐 나온 답변이다. 과학은 검증할 수 있는 것만 설명할 수 있고, 그런 것만이 진리라고 판단한다. 반대로 검증할 수 없는 것은 설명할 수 없고, 설명할 수 없는 것은 모르는 것이니 진리가 아니라고 결론 내린다. 과학적 사유의 체계에서 보자면 사랑이라는 감정은 세로토닌이나 옥시토신과 같은 호르몬의 폭발로 설명할 수 있는 신체 반응 현상이다.

경험은 많은 시행착오를 거쳐 인류의 삶을 확장해주었고, 과학은 가설을 세우고 검증하는 체계적인 시스템을 통해 우주 만물의 미스터리를 밝혀주었다. 하지만 우리의 삶에는 이 2가지 사유의 체계로 설명할 수 없는 것들이 너무나 많다. 타인의 행복이 나의 행복보다 중요한가, 인간의 본성은 선한가 아니면 악한가. 이 세상에는 여전히 설명하기 힘든 숫부성이다.

경험과 과학이 손을 놓은 수많은 질문에 답을 해주는 것이 바로 철학이다. 철학은 과학적으로 검증할 수는 없어도 논리적으로 타당하면 진리라고 받아들인다. 인간이 왜 선해야 할까? 우리가 착하게 살아야 하는 이유에 대해 철학자들은 각자 다른 관점에서 답을 찾기 위해 힘써왔다. 칸트Immanuel Kant는 "행위의 도덕적 가치는 그 행위의 결과가 아니라 그 행위의 동기에 의해 결정된다"라는 도덕적 의무론을 내세웠고, 루소Jean-Jacques Rousseau는 "인간은 사회적으로 협력해 더 나은 공동체를 만들어야 하고, 선함은 공동체의 이익을 위해 행동하는 것"이라는 사회계약론을 주장했다.

인간의 사고 안에 새겨진
메타버스의 흔적

그런데 철학자들이 아무리 깊이 사유해도 논리적으로 설명할 수 없는 물음은 여전히 존재한다. 우주의 끝은 어디인가, 신은 존재하는가, 사후의 세계는 있을까 없을까. 이러한 궁금증은 인간이 이 지구라는 땅에 발을 들인 이후 수백만 년간 맞닥뜨려온 논제다. 경험할 수도 없고, 과학적으로 증명할 수도 없으며, 논리적으로 설명하기도 어렵다.

아무리 머리를 싸매고 고민해도 해결되지 않는 이 질문에 답을 줄 수 있는 것이 바로 종교의 영역, 즉 '메타버스가 있다면, 있다고 생각하는' 믿음의 영역이다. 경험과 과학은 물론이고 철학조차도 설명할 수 없는 신의 존재를 인간은 아주 오래전부터 '그냥' 있다고 받아들였고, 이것을 우리는 '믿음' 혹은 '신앙'이라고 말한다. 굳이 신앙까지 가지 않더라도 누군가는 어젯밤에 좋은 꿈을 꾸었다는 이유만으로 복권을 사거나, 내일 중요한 야구시합을 앞둔 감독이나 선수들은 징크스가 될 만한 행동을 피하려고 한다. 설명할 순 없지만 자신에게 영향을 주는 초월적인 존재가 있다고 믿거나 믿고 싶기 때문이다.

어느 누구도 네 개의 영역 중 오직 하나의 영역으로만 사유하는 사람은 없다. 경험에만 의존해 살아가는 사람도 없고, 아무리 신앙심이 깊어도 모든 일상의 삶을 종교적 믿음으로만 채우는 사람도 없다. 아무리 뛰어난 과학자라 하더라도 미켈란젤로의 조각상 〈피에타〉를 보고 그 작품의 위대함을 조각의 소재나 크기로만 설명하지 않는다. 예수를 안고 있는 마리아의 모습에서 '그냥' 사랑이 느껴지니까 마음이 벅차오르는 것이다. 눈에 보이진 않지만 돌덩어리로부터 무언가 뜨거운 감정을 전달받았기 때문이다.

과학과 철학이 없던 원시 시대 사람들을 지배한 것은

종교였다. 경험으로 설명할 수 있는 것이 너무도 적었던 그들로서는 자신의 삶을 해석하고 이해하기 위해서는 종교에 의지할 수밖에 없었다. 보이지 않는 존재가 있다고 믿으며 자신들에게 닥친 삶의 문제와 의문을 해결하려고 했다. 예나 지금이나 신이 없다고 생각하는 무신론자들은 존재한다. 그러나 한편에선 과학과 철학이 우리 삶의 많은 부분에 답을 내려주었는데도 현대인 중 상당수는 여전히 신이나 초월적인 존재에 의존해 자신의 삶을 해석한다. 인간은 보이는 것만을 사유하고 만져지는 것만을 믿는 존재가 아니기 때문이다. 역으로 종교의 존재는 보이지 않는 것들을 설명하기 위해 꾸준히 발전해왔다는 사실을 일깨워주는 흔적이다.

메타버스를 '디지털 기술로 만든 가상세계'라고 정의하는 순간 '가짜'라는 의미가 내포된다. '현실'과 '가상'을 분리하는 과학적이고 이분법적인 사고의 체계에서 나온 답이다. 하지만 인류의 사유체계를 탐구하다 보면 메타버스가 어느 날 갑자기 하늘에서 뚝 떨어진 것이 아니라는 사실을 깨닫게 된다. 인간은 헤드셋이 없던 시절에도 이미 육체의 눈이 아닌 상상의 눈으로 메타버스를 옆에 두고 살아온 존재들이다.

물리적 세계를
초 월 하 려 는
노   력

아랍의 오래된 이야기 『아라비안나이트』(현대지성, 2019)를 잠시 들여다보자. '천일야화'로도 알려진 이 이야기의 주인공은 세헤라자데이다. 널리 알려져 있듯 이 이야기는 페르시아의 왕 샤리아르의 복수극으로 시작된다. 자신의 왕비와 노예가 부적절한 사이임을 알고 충격에 빠진 왕은 매일 밤 처녀를 한 명씩 불러들여 하룻밤을 보낸 뒤 죽이는 일을 반복했다. 세헤라자데는 스스로 하룻밤 왕비가 되겠다고 왕의 침실로 걸어 들어갔고 1,001째 되던 날 살아 돌아왔다. 그녀는 매일 밤 왕에게 재미있는 이야기를 들려주고 이야기가 절정에 치달을 때면 중단하고 다음 날로 넘기는 것을 반복했다. 뒷이야기가 궁금했던 왕은 차마 세헤라자데를 죽이지 못했고, 마침내 1,000일이 지났을 때 왕의 마음도 누그러져 그동안의 복수극을 멈추고 다시 예전의 모습으로 돌아갔다는 해피엔딩이다.

세헤라자데가 죽지 않고 1,000일을 버틴 것은 그녀의 풍부한 상상력 덕분이다. 매일 밤 메타버스 속으로 들어가 새로운 세상을 창조했던 그녀는 자신도 구하고 나라도 구했다. 아울러 후세 사람들에게 더할 나위 없이 재미난 읽을거리를 제공해주었음은 물론이다.

상상력은 단순한 꿈속의 이야기가 아니다. 마음껏 펼치는 상상력은 우리가 어떻게 더 나은 방식으로 살아갈지를 제시하고, 그것을 현실로 만들기 위한 첫걸음을 내딛게 한다. 상상의 주머니가 오랜 세월 인간이 생존의 길을 개척하는 원동력이 되어주었다는 것을 보여주는 결정적 증거가 바로 도구의 역사다. 구석기를 거쳐 신석기, 청동기, 철기를 거쳐 인간은 끊임없이 새로운 도구를 발명하고 활용함으로써 더 나은 삶을 추구해왔다. 길가에 무심히 놓인 돌을 보고 그냥 지나치지 않고, 그것을 날카롭게 다듬어 사냥한 먹이의 가죽을 벗기는 상상을 함으로써 인류의 식생활은 한 단계 올라섰다.

"상상력은 미래의 미리보기"라는 말이 있다. 이 말은 호모사피엔스 메타버스로서의 인간을 설명하는 데 매우 적절하다. 혁신적인 아이디어와 발명은 하나같이 누군가의 상상에서 시작되었다. 인간은 자신이 머릿속에 그

렸던 이미지를 현실로 구현하며 살아왔다. 그러니 미래의 모습이 궁금하다면 현재를 살고 있는 인간의 머릿속에 무엇이 들어 있는지를 들여다보면 된다.

상상을 뜻하는 영어의 'imagination'은 형상을 뜻하는 'image'에서 파생된 단어이다. 그런데 동양의 한자로 상상想像은 '형상[像]을 생각한다[想]'로 풀이된다. 인간의 상상력에 대한 동서양의 해석이 정확히 일치한다. 이것이 단순한 우연의 일치일까.

이 지점에서 우리는 다시 존재의 본질에 관한 근본적인 질문과 마주한다. 인간의 창조성은 언제 어떻게 생겨난 것일까. 아무리 뛰어난 과학자나 철학자도 이 질문에 명쾌한 답을 내리진 못했다.

이 질문을 들으면서 가장 먼저 떠오르는 영화 속 장면이 있다. 스탠리 큐브릭Stanley Kubrick 감독의 기념비적 SF 영화 〈2001 스페이스 오디세이〉에는 인간이 처음으로 도구를 사용하는 순간이 담겨 있다. 영화 역사상 가장 인상적인 오프닝이 시작되고 나서 화면에 유인원이 등장한다. 어느 날 갑자기 동굴 앞에 나타난 검은 돌 '모노리스'를 발견한 후 유인원들은 갑자기 깨달음을 얻으며 변화한다. 동물의 뼈를 요리조리 만지던 한 유인원은 어느 순간 날카로운 뼈로 동물을 수렵하는 장면을 떠올린다. 인류가 처음으로 상상이라는 능력을 부여받은 순간이다. 무기가 된 뼈를 손에 쥔 유인원은 그렇지 못한 다른 무리의 유인원들과 싸워서 이긴다. 인간이 달에 착륙하기도 전에 이미 우주와 우주선, 인공지능까지 그려낸 이 영화는 인류의 기원에 대한 해답을 과학적으로 제시한다기보다는 오히려 창조적인 존재로서 인간의 능력이 얼마나 무한한지를 보여주며 이후 수많은 SF영화에 영감을 제공했다는 것이 나의 해석이다.

인간의 영적 탐구와
상상력의 결과물

경험과 과학, 철학이 해결해주지 못한다면 우리는 종교에 기대볼 수밖에 없다. 전 세계에서 가장 널리 읽히고 있다는 성경의 「창세기」 1, 2, 3장은 인류의 기원과 본질에 대한 상징과 암시로 가득하다.

"하나님이 자기 형상 곧 하나님의 형상대로 사람을 창조하시되 남자와 여자를 창조하시고."(1장 27절)

신이 세상 가운데 우주와 만물을 짓고 마지막 날에 인간을 지었는데, 다른 것들과 달리 창조주는 자신의 형상을 따라 인간을 만들었다. 신이 인간에게 특별히 자신의 창조적 속성을 그대로 부여했음을 상징하는 문장이다. 인간은 이미 이 지구상에 처음 생겨났을 때부터 창조적인 존재, 즉 상상할 수 있는 존재라는 의미이다.

놀랍게도 이런 이야기가 성경에만 등장하는 것은 아니다. 신이 자신을 똑 닮게 인간을 만들었다는 이야기는 동서양을 막론하고 전 세계 도처에서 발견된다.

"태초에 신은 자신의 모습을 닮은 인간을 창조하였다. 그리고 인간에게 생명을 불어넣었다."

힌두교의 경전인 『리그베다』에 나오는 구절이다. 이슬람교의 『코란』에도 성경과 거의 비슷한 인간 창조의 장면이 담겨 있다.

수많은 종교와 신화에서 인간은 신의 이미지를 갖고 있다고 말한다. 이것은 종교적 세계관 안에서 인간이 창조주로부터 영혼, 지성, 도덕적 가치, 창조적 능력 등을 부여받은 존재라는 시각을 보여준다.

그런 의미에서 성경이 인간의 속성을 어떻게 설명하고 있는지 알기 위해 한 걸음 더 나가 보자. 1장에서 창조된 인간을 보고 흐뭇했던 신은 2장에서 중요한 마무리 작업을 한다.

"하나님이 땅의 흙으로 사람을 지으시고 생기를 그 코에 불어넣으시니……."(7절)

그렇다. 드디어 인간이 인간다운 인간이 되는 순간이다. '생기'는 한자로 '靈^영', 영어로 번역하면 'spirit'이 된다. 이 문장은 인간이 사물과 환경, 다른 인간과의 관계 안(in)에서 영(sprit)을 주고받아 영감(inspiration)을 얻는 존재라는 놀라운 상징을 품고 있다.

그런데 여기서 멈추지 않는다. 「창세기」 3장에는 아주 중요한 사건이 등장한다. 아담과 이브가 뱀의 유혹에 넘어가 금단의 열매인 선악과를 따먹는 장면이다. 이

것은 수많은 해석과 논쟁을 낳았다. 인간의 타락과 죄의 존재를 가르치는 이야기로 볼 수도 있고, 신을 통한 인간 구원의 필요성을 강조하는 신앙적인 해석도 가능하다.

한편으로 이 이야기는 인간의 기원과 존재 이유를 설명한 이야기로도 해석될 여지가 충분하다. 선악과를 따 먹고 눈이 밝아진(sight) 아담과 이브는 지금껏 몰랐던 선악의 세계로 발을 디디게 된다(in). 그 결과 얻은 것이 통찰(insight)이다. 신이 명확하게 선을 그어놓은 인간의 한계를 인간 스스로 깨뜨린 순간이다. 하나님은 "이들이 선악을 아는 일에 우리와 같이 되었으니(22절) 영생할까" 하여 에덴동산에서 내보낸다.(24절) Insight(통찰)의 힘 또한 신성의 상징이 아닐 수 없다. 다시 말해 통찰은 인간이 신의 영역에 도달하는 깨달음을 얻는 순간이라 할 수 있다. 이처럼 끊임없이 자신을 신의 위치에 올려놓으려는 인간의 모습을 설명하기에 이보다 더 극적인 이야기가 있을까.

물론 진화론자들은 이 이야기에 동의하지 않을 것이다. 이 이야기를 종교적인 세계관으로만 해석한다면 충분히 그럴 수 있다. 하지만 인간이 탄생했을 때부터 부여받은 능력을 동원해 상상하고 영감을 얻고 통찰함으로써 보이지 않는 세계를 탐구하고 자신들만의 메타버스 세계에서 살았다는 것에 부분적으로라도 동의한다면 성경 속의 이야기는 인간의 본질에 한 걸음 더 다가

갈 수 있도록 우리의 사고체계를 활짝 열어준다. 종교 경전이나 신화 속에 등장하는 상상의 이야기는 그 당시 사람들이 바라는 것들에 대한 '허상'이라고 치부할 수만 없는 많은 의미를 담고 있다. 믿을 수 없는 사람들에게는 허상이고 허구이겠지만, 믿고자 하는 사람에게 그것은 실체적 진실을 담고 있는 '리얼리티'인 것이다. 지금의 메타버스와 성경에 등장하는 메타버스는 각각 디지털 공간과 영적인 공간이라는 차이만 있을 뿐, 인간의 상상력과 창조성을 통해 물리적인 세계를 초월해 새로운 현실을 경험하고 이해하려는 노력의 연장선에 있다는 점에서는 동일하다. 이러한 공간들은 종교적이든 기술적이든 인간의 영적 탐구와 상상력의 결과물이다.

이   제
1인 10색
사   회   로

잠시 과거로의 여행을 멈추고 21세기로 돌아와 동아시아의 끄트머리에 있는 대한민국으로 가보자. 대중문화만 놓고 본다면 이 작은 나라는 지난 몇 년 사이 극적인 변화를 겪었다. 공식 팬클럽인 '아미'의 규모만 1,800만 명에 이르는 BTS를 필두로 케이팝 열풍이 전 세계를 강타했고, 이어서 영화 〈기생충〉, 드라마 〈오징어 게임〉, 예능 〈피지컬: 100〉 등이 잇달아 흥행에 성공하면서 K-컬처는 아시아 변방에서 글로벌 대중문화의 중앙으로 자리를 옮겼다.

이런 한국에서 몇 년 전부터 대중문화에 등장한 새로운 현상이 있다. 이른바 '부캐 열풍'이다. 부캐는 영어로 번역하면 'sub character'가 되는데, '캐릭터'의 첫음절

'캐'에 한자인 '부副, sub'를 붙여 만든 신조어다. 이것과 대비해 본래 캐릭터를 '본本, original캐'라고 한다.

본캐와 부캐 사이의
역할 놀이

지금 한국 방송가에서는 유명 개그맨과 가수 등이 본캐와 부캐 사이를 오가며 활발하게 활동하고 있다. 텔레비전을 켜면 각종 프로그램에서 부캐를 쉽게 보고 들을 수 있는데, 방송에서의 부캐는 진짜인 듯 진짜가 아닌 '역할 놀이'로 그려진다. 분명히 알고 있는 인물인데 다른 사람인 것처럼 시치미를 뚝 떼면 주변인들도 모르는 척 속아주면서 역할 놀이를 즐긴다. 때론 국적도 초월하고 나이도 초월한다. 한국 사람인데도 엉성한 한국어를 쓰는 일본인인 척하면 주변 사람들이 기꺼이 속아주고, 50대 아줌마 분장을 하고 출연한 30대 여자 개그맨에게 깍듯이 예의를 갖춘다. 때론 엉성한 연기로 본캐가 드러나기도 하는데, 애초에 감쪽같이 변신할 목적이 아니므로 티가 난다 해도 문제가 되지 않는다.

그 시작을 거슬러 올라가면 부캐의 조상 격인 래퍼 '마미손'이 있다. Mnet의 힙합 서바이벌 프로그램 〈쇼미더머니8〉에 핑크색 복면을 쓰고 출연한 마미손(마미손은 한국의 고무장갑 브랜드의 이름인데, 고무장갑의 색이 주로 핑크색이다)은 사실 한국의 유명한 래퍼 매드클라운^{Mad Clown}이다. 첫 등장부터 이미 그의 정체가 드러났지만, 당사자는 공식적으로 지금까지도 이를 부인하고 있다. 실제로 마미손은 검색 포털에 버젓이 유명인으로 등록돼 있고, 소속사까지 있다.

부캐가 갑자기 2018년 한국의 방송 프로그램에서 처음 나온 것일까. 서양에는 마미손의 복면 대신 오래전부터 가면 문화가 있었다. 가면무도회에서 참석자들은 자신의 진짜 정체를 숨기고 가상의 역할 놀이를 한다. 사정이야 제각각이겠지만 가면 뒤에 자신의 신분과 심지어는 성별까지도 숨긴다. 가면무도회에 참석하는 시간만큼은 다른 자아로 존재한다.

한국인의 라이프스타일 변화를 날카롭게 분석하는『트렌드 코리아 2020』(미래의 창, 2019)에 처음 등장한 '멀티 페르소나^{multi-persona}'에서 페르소나는 '가면'이라는 뜻을 가진 라틴어로, 심리학적으로는 타인에게 파악되는 자아 또는 자아가 사회적 지위나 가치관에 의해 타인에게 투사된 성격을 의미한다. 멀티 페르소나는 '다중적 자아'라는 뜻으로 상황에 맞게 가면을 바꿔 쓰듯 다양한 정체성을 가진 현대인을 일컫는다.

'멀티 페르소나'는 현대 우리 사회의 변화를 설명하는 핵심 키워드다. 마미손이 본캐와는 별개로 6년 넘게 부캐로 활동할 수 있었던 요인을 변화한 세상, 변화한 사람들의 인식에서 찾을 수 있다. 매드클라운이 아무리 마미손이라고 우겨도 대중이 그것을 받아주지 않았다면 일회성 해프닝에 그쳤을 것이다.

사회 변화의 핵심 키워드, 멀티 페르소나

동서양을 막론하고 인간은 오래전부터 가면 뒤에 숨어 역할 놀이를 즐겼다. 이들은 왜 가면 뒤에 숨었을까. 당시 사회가 수직적이었기 때문이다. 신분제 사회에서 지배자는 자신의 우월한 힘을 과시하고 지배력을 공고히 하기 위해 늘 '우리'를 강조했다. 피지배자들을 통제하기 위해서다. 그래서 신분에 맞게 비슷한 옷을 입게 했고, 획일화된 생각과 행동 양식을 강제했다. 이런 사회에서 '튀는 것'은 곧 '뒤처지는 것'을 의미했고 때로는 생존까지 위협했다. 그러니 가면 뒤에 숨을 수밖에 없었다.

신분과 계급이 완전히 사라진 건 아니지만 21세기 현대 사회는 수평 사회로 이동했다. 신분과 계급이 사라진 세상에서 사람들은 '우리'라는 갑갑한 옷을 벗어 던지고 남들과 다른 '나'를 보여주고 싶은 욕망을 마음껏 표출하고 있다. '어떻게 다른 사람들과 같은지'가 아니라 '어떻게 다른 나를 보여줄 것인지'가 중요해졌고, 그

것이 오히려 경쟁력이 되는 사회가 되었다. 프랑스 철학자 들뢰즈^{G. Deleuze}는 특정 가치와 삶의 방식에 포획되지 않고 끊임없이 새로운 자신을 창조하는 현대인을 '노마드', 즉 도시의 유목민으로 표현한 바 있다.

10인 1색 사회에서 10인 10색의 사회가 된 지금, 멀티 페르소나의 개념은 우리 사회가 다음 단계로 이미 이동할 준비가 되었음을 시사한다. 현대인 중에서 24시간 365일 똑같은 나로 살고 있는 사람이 몇이나 될까. 사람들과 함께 있을 때의 나, 일할 때의 나, 놀 때의 나, SNS 속의 나. 당신은 늘 한결같은 당신으로 존재하고 싶은가.

실제로 한국의 구인구직 플랫폼 잡코리아가 실시한 설문조사 결과에 따르면 '회사에서의 내 모습이 일상에서의 모습과 다른가'라는 질문에 '그렇다'라고 답한 비율이 77.6%로 나타났다. 또 '멀티 페르소나 트렌드가 확산될 것'이라는 대답이 54.4%로 절반 이상이었으며, 이유로는 '개인의 특성과 다양성을 중시하는 사회 분위기'를 꼽은 이들이 61.2%로 가장 많았다.

『트렌드 코리아 2020』에서는 멀티 페르소나를 두고 다음과 같이 설명했다.

이제 '나 자신'을 뜻하는 'myself'는 단수가 아니라 복수, 즉 'myselves'가 되어야 맞다. 현대인들이 다양하게 분리되는 정체성을 갖고 있기 때문이다. 직장에서와 퇴근 후의 정체성이 다르고, 평소와 덕질할 때의 정체성이 다르며, 일상에서와 SNS를 할 때의 정체성이 다르다. SNS에서도 카카오톡, 유튜브, 인스타그램 등의 플랫폼에 따라서 각기 다른 정체성으로 소통하고, 심지어는 하나의 SNS에서 동시에 여러 계정을 쓰며 자신의 모습을 요리조리 바꾼다.

자신의 인생을 잘게 분절시키는 것, 이것이 바로 메타버스 문명의 특징이다. 현대 사회에서 이제 우리는 더 이상 가면이나 복면을 쓸 필요가 없어졌다. 앞으로는 첨단기술이 더욱 생생한 4차원의 다중적 삶을 지원할 것이다. 다른 세계에서 내가 다른 나로 살아간다고 해서 다중인격자라고 비난할 사람도 없다. 원하면 다른 인종으로, 다른 나이와 성별로 다시 태어날 수도 있다. 세상을 떠난 이들도 다시 불러내 대화를 나눌 수 있고, 과거의 나 혹은 미래의 나와 마주할 수도 있다.

메타버스 문명은 그동안 인간이 경험한 어떤 문명과도 비교할 수 없을 만큼 우리의 삶을 확장해줄 것이다. 내성적이어서 남들 앞에 서는 것조차 불편한 사람이 가상의 세계에선 댄서가 되거나 가수가 되어 무대에 설 수도 있다. 메타버스 안에서 댄스가수로서의 새로운 삶을 살다 보니 그동안 몰랐던 자신의 재능을 발견하게 될 수도 있다. 춤과 노래에 자신감이 붙으면서 점점 사람들 앞에 서는 두려움이 사라지고, 그러던 어느 날 용기를 내어 현실이 댄스학원에 등록하는 날이 올 수도 있다. 메타버스를 통해 새로운 자아를 발견하고 자신을 한 단계 발전시키는 기회의 문이 열리는 것이다.

이제 우리는 슬슬 이런 질문을 던질 때가 되었다.

1인 1색으로 사는 것과

1인 10색으로 사는 것 중

어떤 삶이 더 매력적일까.

과연 당신은 어떤 삶을 원하는가.

메 타 버 스
사 고 로
전 환 하 라

과연 메타버스 문명에서 펼쳐질 우리의 삶은 매력적일
까? 지금으로선 알 수가 없다. 그러니 메타버스 문명에
대해 사람들이 혼란을 느끼는 건 어쩌면 당연하다. 메
타버스의 정의조차 아직 명확하지 않은 상황에서 과연
새로운 문명이 우리에게 정말 필요한 것인지, 어쩔 수
없이 받아들여야 한다면 과연 그 멀미 날 것 같은 거북
한 세계에 잘 적응할 수 있을지 감이 오지 않는다. 인
간은 정체를 알 수 없는 것 앞에서 두려움을 먼저 느낀
다. 두려움을 느끼면 존재를 거부하거나 도망가고 싶은
것이 인간의 본능이다.
하지만 문명이란 게 거부하고 싶다고 거부할 수 있는
것이 아니다. 카오스에서 코스모스로, 코스모스에서

다시 카오스로 끊임없이 순환하는 인류의 역사를 거슬러 올라가면 문명의 진화는 언제나 뒤돌아보지 않고 앞으로만 나아갔다. 수많은 문명의 도전을 헤쳐온 인류의 DNA를 갖고 태어난 현대인들은 간절하게 또 다른 나, 지금의 삶과는 다른 삶을 원하며 새로운 문명을 찾고 있다. 그런데 때마침 4차 산업혁명의 기술이 인류의 수백만 년 삶 속에 살아 숨 쉬었던 메타버스를 우리 앞에 현실로 펼쳐놓으려 한다. 이 모든 것이 한 방향을 가리키고 있다.

메타인지와
메타버스 사고

문명의 방향은 정해져 있다. 메타버스가 일으킬 부작용을 걱정하는 것도 중요하지만, 걱정만 해서는 미래를 예측하고 준비할 수 없다. 기술 문명을 일체 거부하고 산으로 올라가 '나는 자연인이다'라고 외치고 살아갈 것이 아니라면 새로운 문명과 마주해 그 눈높이에 맞춰 사고해야 한다.

새로운 문명이 발생하면 인간의 사고체계는 달라진다. 모바일 혁명을 거치면서 인간의 생각 프로세스는 예전과 달라졌다. 궁금한 것이 생기면 옆 사람에게 묻거나 백과사전을 뒤적이는 대신 스마트폰을 켜고 검색한다.

지식과 정보는 시간차 없이 실시간으로 우리의 뇌로 전달된다. 지도를 펼쳐놓고 동서남북을 헤아려야 했던 인간은 이제 미지의 장소를 찾아가는 데 두려움이 없다. 기계의 안내를 받아 어디든 갈 수 있으니까. 새로운 문명이 다가온 지 15년이 지난 지금, 전 세계 인구 10명 중 6명은 스마트폰을 사용하고, 선진국에서는 이 비율이 90%에 육박한다. 이런 상황에서도 누군가는 아직 2G폰을 쓴다며 자신의 개성을 은근히 자랑하기도 한다. 생각하는 방식이 바뀌었다는 것은 인간의 마음가짐이 바뀌었다는 뜻이다. 마음이 바뀌면 소비 행태가 바뀌고, 그에 따라 비즈니스 모델도 달라진다. 2G폰을 사용하는 사람이 과연 스마트폰 문명이 열어갈 인류의 미래를 제시할 수 있을까.

스마트폰 문명은 그나마 3차원에서 이뤄진 혁명이었다. 기술의 끝판왕이라 불리는 우주 정복의 꿈조차도 3차원 세상에서 벌어지는 일이다. 그러나 메타버스는 차원이 달라지는 문명사적 변화다. 지금까지 3차원이었던 인류의 삶이 4차원으로 빨려 들어가게 된다. 하루에도 수십 번 3차원과 4차원의 세계를 오갈 수도 있다. 넷플릭스에서 이 영화 저 영화를 골라 보듯, 다양한 가상세계에 로그인했다가 로그아웃하며 매일 매 순간 새로운 세상을 여행하는 삶이 펼쳐질 것이다. 그것도 여러 계정으로 말이다.

3차원에서 4차원을 아무 제약 없이 오가고, 더구나 과거와 현재, 미래의 내가 동시에 살아가는 문명이 메타버스다. 지금의 3차원적인 사고로 인간은 과연 이런 복잡하고 다채로운 삶을 견딜 수 있을까. 컴퓨터 게임에 한창 몰입한 자녀에게 아무리 밥 먹으라고 소리 질러봐야 소용이 없다는 것을 자녀를 둔 부모라면 누구나 공감할 것이다. 억지로 식탁에 끌어다 놔도 몸만 나와 있을 뿐 자녀의 정신은 여전히 게임 공간을 헤매고 있다. 3차원인 컴퓨터 게임이 이 정도인데, 하물며 4차원으로 펼쳐지는 메타버스 속 세상은 오죽하겠는가.

새로운 문명에 적응하고, 오히려 이를 적극적으로 활용해 기회를 잡고자 한다면 3차원에서 4차원을 오가는 유연한 사고의 전환이 필요하다. 그러기 위해 필요한 것이 '메타인지metacognition'다. 메타인지는 내가 무엇을 알고 무엇을 모르는지를 파악하고, 내가 무엇을 생각하는지를 생각할 수 있는 능력이다. 자신의 인지 과정에 대해 한 차원 높은 시각에서 관찰하고 발견하고 통제하는 고도의 정신 작용이다. 내가 모르는 것이 무엇인지 냉정하게 판단한 뒤 이를 채우기 위해 또 다른 계획을 구상하는 일련의 과정이 메타인지와 연관돼 있다. 이것을 메타버스와 연결한다면 3차원과 4차원의 생각을 빠르게 전환하고, 1인칭 시점에서 2인칭, 3인칭 시점으로 빠르게 전환하는 능력, 즉 '메타버스 사고metaverse thinking'가 필요하다. 메타버스 사고는 한마디로 6인칭 사고다. 나, 너, 우리, 그들의 관점에서 사고하고 공감하며 생활할 수 있는 사고체계를 말한다. 물론 처음에는 어렵겠지만 훈련하면 자연스럽게 전환힐 수 있다. 이것을 자유롭게 넘나드는 사람들에 의해 메타버스 세계가 구현될 것이고, 그들이 새로운 문명의 주인공이 될 것이다.

메타사고를 할 것인가
메타문맹이 될 것인가

메타버스 시대가 열린 후 태어날 새로운 세대를 '메타 세대'라고 이름 짓는다면, 이들에게 메타버스는 이해하고 배워야 하는 대상이 아닐 것이다. 태어나면서부터 디지털 기기에 둘러싸여 성장한 디지털 네이티브 세대가 스마트폰과 디지털 기기를 원어민처럼 자유자재로 활용하듯이 말이다. 과거 알파 세대가 자연스럽게 스마트폰 문명의 정체성을 몸에 지니고 태어났듯 이제 메타 세대는 3차원과 4차원을 아무런 장벽 없이 오갈 것이다. 이들을 알파 세대와 구별하기 위해 베타 세대라고 명명할 수 있겠지만, 베타 세대보다는 메타 세대가 오히려 더 적당한 이름이 될 것이다.

문제는 3차원 세상에서 태어나 인생의 대부분을 3차원으로 살아온 기성세대다. 지금은 거의 쓰지 않는 단어가 됐지만 스마트폰이 등장하기 전까지만 해도 '컴맹'이라는 단어가 있었다. 태어났을 때부터 PC가 기본값이었던 밀레니얼 세대에게 인터넷은 햇빛이나 공기처럼 당연한 공공재이지만, 성인이 되어 인터넷을 처음으로 접한 지금의 50대 이상 세대는 남들에게 뒤처지지 않기 위해 학원에 등록해 돈을 주고 컴퓨터를 배워야 했다. 그마저도 노력하지 않은 많은 이들은 스마트폰이 탄생할 때까지 인터넷의 혜택을 누리지 못한 채 '컴맹'이라는 핸디캡을 안고 디지털 세상에서 춥고 외로운 아날로그의 삶을 살았다.

메타버스 시대가 왔는데도 두려움에 사로잡혀 새로운 문명을 거부하거나 도망간다면 '메타버스 문맹'이 될 수밖에 없다. 남들이 시공간을 초월해 자신의 욕망을 마음껏 발산하고 다양한 자아로 풍부한 삶을 즐길 동안 '메타버스 문맹'이라는 불명예스러운 핸디캡을 안고 팍팍한 현실의 제약에 묶여 단조로운 삶을 살고 싶은가. 그렇지 않다면 '메타버스 사고'로 뇌 구조를 조금씩 바꿔가야 한다. 태어나면서부터 메타버스 사고를 하는 메타 세대와 대화하고 함께 살아가려면 지금부터 노력해야 한다. 중요한 것은 그 시간이 얼마 남지 않았다는 것이다.

ENJOY

OUR METAVERSE

OUR METAVERSE

PART 03

기대와 혼돈, 메타버스 1.0

메타버스는 거품이었을까?
우리는 무엇에 그렇게 열광했던 걸까?
인간이 무언가에 열광한다면 그 대상이 실존해서가 아니라
우리를 행복하게 해주기 때문이다.
인간은 본디 허상을 사랑하도록 설계되어 있다.
메타버스가 허상이라는 걸 인정하는 순간,

새로운 세상을 보는 눈이 열린다.

이 세 돌 에
열 광 하 는
1 0 대 들

2016년 인공지능 '알파고'와 세기의 바둑 대국을 펼친 이세돌을 다들 기억할 것이다. 당시 이세돌은 구글 딥 마인드가 개발한 인공지능 알파고에 1승 4패로 패해 많은 이들에게 충격을 안겨줬다. 하지만 그의 1승은 이후 재조명되었다. 인공지능의 놀라운 진화로 더 이상 인류는 바둑에서 인공지능을 이길 수 없게 되었기 때문이다. 이세돌이 알파고를 상대로 거둔 1승은 현재까지 인공지능을 상대로 인간이 거둔 유일한 승리로 기록되었다.

이세돌이 이렇게나 중요한 인물이지만, 한국의 10대에게 이세돌을 아느냐고 묻는다면 뜻밖의 답변을 듣게 될 확률이 높다. 스마트폰을 손에 쥐고 태어나 인공지능 알고리즘의 세상에서 사는 이들에게 이세돌은 2021년 데뷔와 동시에 음원차트 1위에 오른 6인조 걸그룹 '이세계아이돌'을 줄여서 부르는 말일 뿐이다.

아이돌에게 열광하는 것이야 예나 지금이나 전 세계 10대들의 공통된 특성이다. 그런데 지금의 10대는 자신들의 언니 오빠들과 조금 다른 대상에 마음을 빼앗긴다. 이세돌은 한국의 첫 버추얼^{virtual} 걸그룹이다. 그러니까 현실에선 만질 수도 볼 수도 없고, 유튜브나 메타버스 플랫폼인 VR챗^{VRChat}에서만 만날 수 있는 가상의 아이돌이다. 그런데도 데뷔와 동시에 음원 사이트인 '벅스'에서 1위라는 놀라운 기록을 세웠고, 신인 아이돌은 진입하기 어렵다는 '멜론' 차트에서 36위에 올라서는 기염을 토했다.

일회성 이벤트에 그칠 줄 알았던 이세돌의 인기는 2년이 지난 지금도 여전하다. 2023년 8월 발매한 앨범 '키딩'은 발매 후 24시간 동안 멜론 차트에서 100만 스트리밍 이상을 달성했고, 글로벌 차트 케이팝 부문 3위까지 올랐다. 당시 케이팝 부문 1위는 BTS 멤버 정국의 '세븐', 2위는 뉴진스의 'ETA(이티에이)'였다.

이세돌의 성공은 본격적인 버추얼 아이돌 시대를 알렸다. 2023년 1월에는 4인조 버추얼 걸그룹 '메이브'가 공중파 음악 프로그램인 〈쇼! 음악중심〉에 출연해 데뷔곡을 선보였고, 2021년 7월에 데뷔한 한국 최초의 버추얼 보이그룹인 '레볼루션 하트'는 한국 버추얼 아이돌그룹 최초로 CGV 쇼케이스를 진행했는데, 3분 만에 표가 매진되며 버추얼 아이돌의 팬덤을 입증해 보였다.

그런데 마이클 잭슨에 열광했던 지금의 기성세대는 물론이고 1세대 케이팝 아이돌인 HOT와 핑클에 열광했던 3040 세대조차 이런 현상을 잘 이해하지 못한다. 실존하지 않는 '허상'의 존재를 왜 좋아하고 그들에게 돈을 쓰는지 의아해한다.

지금은 기억이 까마득하지만, 3040 세대에게도 '아담'이라는 사이버 가수가 있었다. 아담은 1998년 1월 23일 1집 타이틀곡 「세상엔 없는 사랑」으로 데뷔한 한국 최초의 사이버 가수다. 실존 가수의 얼굴을 공개하지 않고 3D 그래픽으로만 마케팅을 했는데, 요새로 치면 버추얼 유튜버와 유사하다. 1집이 20만 장 이상 팔려나가며 흥행했지만, 2집이 흥행에 참패하며 아담은 사람들의 관심에서 이내 사라졌다.

인간은 기꺼이
허상을 사랑한다

그렇다면 25년 사이에 무엇이 달라졌을까? 그 답을 이세돌의 한 멤버가 정확히 짚어주었다. 메타버스 공간에서 진행된 첫 쇼케이스 인터뷰에서 이세돌의 멤버인 릴파는 아담과 자신들의 차이를 똑부러지게 전달했다.

"아담 선배님과 저희는 달라요. 우리는 VR 기기만 착용하면 언제든지 '직접' 만날 수 있거든요."

릴파의 대답에서 우리가 주목해야 할 것은 VR 기기가 아니라 '직접 만날 수 있다'는 것의 의미다. 아담이 세상에 나왔을 때 대중의 관심은 온통 '얼마나 실제 인간과 비슷한지'에만 쏠려 있었다. 아담이 데뷔할 당시의 기술로는 아담의 행동과 표정을 연출하는 데 막대한 시간과 비용이 필요했다. 그러니 대중 앞에 모습을 자주 드러내고 팬들과 소통하는 것을 기대할 수 없었다. 현실의 가수처럼 그저 멀리서 바라보는 존재였다. 그런데 20여 년 사이 실시간 렌더링^{rendering}(2차원 혹은 3차원 데이터를 사람이 인지 가능한 영상으로 변환하는 과정) 기술의 발달로 3D 캐릭터의 구현이 쉬워지면서 시간과 돈의 제약에서 놓여난 버추얼 아이돌은 실시간으로 팬들과 소통할 수 있게 되었다. 각각의 개성을 부여받은 멤버들은 자신만의 캐릭터로 활동한다. 작사, 작곡, 안무까지 멤버들이 직접 참여하고, 팬들과 실시간 소통으로 개개인의 매력도 뽐낸다. 콘텐츠에서 나타나는 멤버 개개인의 성격과 취향, 멤버들 사이의 관계성도 팬심을 자극하는 요소다.

물론 기술의 발달이 이것을 가능케 했다는 점은 부인할 수 없다. 그런데 지금의 10대가 버추얼 아이돌에 열광하는 것은 '우리 오빠'가 사람과 비슷해서가 아니라 놀랍도록 '매력적'이기 때문이다. 버추얼 캐릭터 뒤에 실제 인물이 존재한다는 것을 알면서도 굳이 그 실체를 알려 하기보다 자신이 좋아하는 아이돌의 캐릭터 자체에 몰입한다. 심지어 실시간 소통 방송에서 기술적인 오류가 발생해 허구의 캐릭터임이 드러나도 팬들은 개의치 않는다. 호신술을 보여주겠다고 발차기하다가 오류로 신발 위로 본체의 발이 튀어나오거나, 땀이 난다며 얼굴을 닦는데 손이 기괴하게 꼬이기도 한다. 신체 속살이 노출되었을 때 실제로 노출한 것처럼 다른 멤버가 가려주는 등 당황스러운 상황을 능청스럽게 넘기는 모습까지도 팬들에게는 입덕 포인트가 된다. 실수조차 재미로 받아들이는 지금의 세대는 가상이든 현실이든 본인이 좋아하는 것에만 집중한다. 지금 메타버스에서 열심히 놀고 있는 10대들에게 메타버스는 현실과 가상의 구분이 없어진 확장 현실 그 자체다.

허상에 열광하고, 허상을 사고파는 행위는 미친 짓인가? 이 질문에 김상균 경희대학교 경영대학원 교수는 "우리가 무언가를 사랑하는 이유는 무언가에 관한 사랑이 우리를 행복하게 해주기 때문이다. 그런 행복이 경제적 효용성에서만 오는 것이 아니기에 우리는 허상까지 기꺼이 사랑한다"라고 명쾌하게 답했다.

얼핏 코로나19 팬데믹의 종식과 함께 메타버스 열풍이 사그라든 것처럼 보인다. 부푼 꿈을 안고 메타버스 신대륙호에 승선했다가 실망하고 짐을 싸서 배에서 내린 이들도 수두룩하다. 실제로 국내 기업들이 구축한 메타버스 공간도 앞다퉈 문을 닫았다. 언론에서도 메타 버스에 비관적인 기사를 쏟아내며 메타버스 사업에 뛰어든 투자자들과 기업가들에게 빨리 허상에서 깨어나라고 부추긴다. 기술의 제약으로 메타버스가 아직 현실에서 구현되기 어렵다는 것이 이유다. 여전히 두껍고 불편한 안경을 써야 하고, 가상공간은 아직 고급 애니메이션 정도이며, 버추얼 휴먼은 어쩐지 다가가기 힘들다고 불평하면서 말이다.

메타버스는 정말 허상일까. 인류가 잠시 누렸던 찰나의 디지털 기술에 불과할까. 그런데 왜 지금의 10대는 이 세돌에게 열광할까. 왜 실체가 없는 허상에 기꺼이 지갑을 여는 것일까.

진짜 메타버스는

아   직

오 지   않 았 다

불과 4년 전만 해도 국내외를 막론하고 메타버스 열풍
이 불며 비즈니스 업계에서도 신성장동력으로 화제였
지만 코로나 엔데믹 이후 메타버스에 대한 열기는 급격
히 식어버렸다. 이에 많은 사람들이 메타버스는 실체
가 없다거나 거품이 꺼졌다고 주장했다. 그러나 비관
론자들이 눈여겨봐야 할 흥미로운 조사 결과가 있다.
2022년 메타버스 플랫폼 로블록스가 파슨스디자인스
쿨과 공동 조사한 '2022 메타버스 패션 트렌드'에 따르
면 로블록스의 Z세대(1990년대 중반~2000년대 초반 출생자) 사
용자 1,000명 중 73%가 아바타를 꾸미기 위해 월 5달
러 이상을 지출했고. 월 100달러 이상을 지출하는 사
용자도 12%나 됐다. 한국 고등학생의 한 달 평균 용돈

이 약 63달러(8만 5,000원)인 것을 감안하면 결코 적은 금액이 아니다.

이 조사에서 더욱 놀라운 점은 응답자의 70%가 현실 세계의 자신과 유사한 스타일로 아바타를 꾸민다고 대답한 점이다. 이들은 왜 허상의 아바타를 꾸미면서 아바타가 현실의 자신과 닮기를 바라는 걸까. 응답자의 절반 이상(53%)이 가상세계에서 돈을 쓰는 동기가 '현실 세계에서의 기분과 감정'이라고 답했다. 메타버스에서 돈을 쓰면 현실 속 자신의 기분이 좋아지는 경험을 한 것이다. 이들에겐 현실과 메타버스가 분리된 세계, 다른 세상이 아니라는 것을 시사한다.

또 다른 삶은
인류의 오랜 꿈

현실과 가상을 자유롭게 오가는 것이 Z세대의 전유물은 아니다. 대한민국의 X세대(1970년대생)는 마이크로 블로그 서비스인 '싸이월드'에서 가상화폐의 원조 격인 '도토리'로 벽지나 바닥재, 배경음악 같은 것을 사서 인터넷 속의 자기 집을 야무지게 꾸몄다. 대중성에서는 역대 어떤 플랫폼도 따라갈 수 없을 만큼 높은 인기를 자랑했던 이 가상의 공간에서 사람들은 공을 들여 자기 집을 장식했고, 그곳에 꽤 오래 머물렀다. 싸이월드와 비슷한 시기에 생겨난 '프리챌'이라는 커뮤니티 서비스도 한 시대를 풍미한 웹2.0 초기의 대표적인 서비스다. PC 통신 시절의 채팅과 동호회 문화의 연장선이었던 프리챌은 클럽 서비스에 특화되어 인기를 얻었는데, 당시 주요 사용자였던 X세대는 인터넷 세상에서 활동할 자신의 아바타를 꾸미기 위해 기꺼이 지갑을 열었다.

한국형 SNS 서비스의 시초라고도 불리는 이 두 서비스는 경영난을 겪으면서 차례로 문을 닫았다. 하지만 가상의 세계에 내 집을 장만하고자 하는 사람들의 욕구까지 사라진 것은 아니다. 한정된 오프라인 인맥을 기반으로 한 싸이월드나 프리챌의 자리를 대신해 등장한 것이 한 번도 본 적이 없는 전 세계인과 소통할 수 있고 정보를 훨씬 더 간편하고 직관적으로 공유할 수 있는 페이스북, 트위터, 인스타그램이다. 스마트폰의 등장은 SNS 서비스 가입자의 수를 폭발적으로 증가시켰다. PC 앞에 앉아서만 가상의 내 집으로 들어갈 수 있었던 기존 서비스와 달리 스마트폰으로 마음만 먹으면 언제든 자유롭게 가상의 공간에 로그인해 가상의 계정으로 자신의 생각이나 일상을 실시간으로 전 세계 사용자와 나눌 수 있게 되었다.

웹2.0의 끝자락에 와 있는 지금, 사람들은 새로운 기대를 하기 시작했다. 어쩌면 현실세계와 똑같은 쌍둥이 공간을 가상에서도 만들어 현실에서와 또 다른 삶을 살 수 있지 않을까 하는 기대로 들썩였다. 이것이야말로 인류의 오랜 꿈이었다. 페이스북, 트위터, 인스타그램은 나를 드러내고 다른 사람들과 소통할 수 있게 해주는 꽤 쓸 만한 도구이긴 하지만 2D의 평면에 갇힌 공간이다.

그런데 2009년 개봉한 영화 〈아바타〉는 인류에게 2D의 인터넷 가상공간과는 비교할 수 없는 새로운 공간(세상) 혹은 새로운 삶(세컨드 라이프)에 대한 가능성을 심어주며 인류의 가슴을 뛰게 했다. 영화를 본 관객이라면 누구나 영화 속 주인공인 제이크 솔리가 판도라 행성에서 나비족이라 불리는 외계 생명체로 살아가는 장면을 지켜보며 한 번쯤은 자신의 새로운 삶을 상상해봤을 것이다.

당시 영화 개봉과 함께 갑자기 3D TV가 주목받긴 했지만 그 열풍은 오래가지 못했다. 소비자로서 인간은 가만히 앉아서 고정된 장치로 입체감을 즐기는 것에 만족하지 못한다는 것을 명확히 보여준 셈이다. 눈으로 3D를 '관찰'하는 데서 그치지 않고 현실과 가상의 경계를 구분할 수 없을 만큼 리얼한 가상의 세계를 '탐험'하고 싶은 사람들은 가상현실(VR)과 증강현실(AR) 기술에 큰 기대를 걸었다. 제이크 솔리처럼 새로운 세계를 탐험하려면 안경의 형태든, 목걸이의 형태든, 렌즈의 형태든 착용할 수 있는 웨어러블wearable 디바이스가 필요해졌다.

시작한 적이 없으므로
끝난 적도 없다

새로운 디바이스의 발전 속도는 사람들의 기대를 채워주기엔 늘 턱없이 더디다. 2013년 모습을 드러낸 '구글 글래스'를 써본 사람들은 자신들의 기대가 너무 컸다는 것을 깨닫고 바로 기대를 접었다. 마치 '여우와 신포도'처럼 스마트폰으로도 충분하다고 자신을 위로하면서 말이다.

그러다 웹2.0 시대의 인터넷 공간을 주름잡았던 페이스북이 VR 기기 개발사인 오큘러스를 인수하면서 사람들의 기대감이 조금은 회복되는 듯했다. 메타버스를 '인터넷 다음 버전'으로 제시한 마크 저커버그에게 우려 섞인 목소리와 비아냥이 쏟아지기도 했지만, 그래도 이 젊은 IT 천재가 뭔가 일을 벌일지도 모른다는 기대가 피어올랐다.

그런데 뜻하지 않은 시점에 메타버스가 우리에게 당도했다. 가상현실이라는 단어를 대체하며 어느 순간 기술과 산업의 모든 키워드를 빨아들인 것이 2020년의 일이니 불과 4년 전이다. 메타버스는 준비가 덜 된 상태로 코로나19 팬데믹이라는 돌발 상황에서 사람들에게 급하게 불려 나왔다. 강제적 거리 두기 상황에서도 일하고, 소통하고, 놀아야 하는 인간의 현실적 문제를 해결해주기에 메타버스만 한 것이 없었기 때문이다.

물론 코로나 팬데믹이 메타버스 시대를 앞당긴 것은 사실이다. 사무실에 나가야만 일할 수 있을 줄 알았던 사람들은 집에서도 충분히 회의하고 업무를 처리할 수 있다는 것을 경험했고, 직접 만나지 않고도 얼마든지 사람들과 소통하고 가상의 공간에서 즐겁게 여가를 보낼 수 있다는 것도 알게 됐다. 새로운 기회를 포착한 기업들은 앞다퉈 저마다 재치를 발휘해 이런저런 메타버스 공간을 만들어내는 데 몰두했다. 당연히 코로나 팬데믹은 누군가에겐 천재일우의 기회였을 것이다.

그러나 팬데믹이 끝난 뒤 사람들은 메타버스를 떠나 다시 오프라인의 세계로 돌아갔고, 사용자들로 넘쳐났던 메타버스 공간은 한산해졌다. 메타버스 공간에서 일하고 노는 사람들이 여전히 있지만, 기존 서비스에 실망해서든 굳이 메타버스 공간으로 들어갈 필요가 없어져서든 더는 가상세계에 로그인하는 사람이 많지 않았다.

기업에 돈을 댄 투자자들도 같은 상황이다. 손해를 보고 빠져나올 수 없어 버티는 투자자가 있는가 하면, 메타버스는 아직 현실에서 구현 가능한 기술이 아니라며 깨끗이 손을 털고 나온 투자자도 있다. 많은 전문가가 메타버스는 이미 끝났다고 진단 내렸고, 자연스럽게 메타버스 허상론이 등장했다.

하지만 나를 포함한 일부 사업가들의 생각은 다르다. 진정한 메타버스는 시작조차 하지 않았으며, 이 새로운 우주는 아직도 개척된 적이 없다. 시작도 하지 않았으니 포기하기에는 너무 이르다. 삼성에서 옴니아폰을 스마트폰이라고 내놓았을 때 대다수는 그것에 동의하지 않았다. 심지어 옴니아폰 구매자 중에는 제품에 너무 실망해서 망치로 액정을 깨는 사람들도 있었다. 진정한 스마트폰 시대는 스티브 잡스가 "Today, Apple is going to reinvent the phone(오늘 애플은 전화기를 혁신할 것이다)"라는 말과 함께 아이폰을 공개한 그날 시작되었다고 할 수 있다.

지금의 메타버스는 옴니아폰과 아이폰 사이의 어디 지점에선가 표류하고 있다. 파도를 타려고 모여들었던 서퍼들이 하나둘씩 장비를 챙겨 떠났지만, 아직 파도가 오지 않았다고 생각하는 서퍼들은 자리를 떠나지 않고 다음 파도를 기다리고 있다. 인류 문명의 네 번째 파도를 부푼 마음으로 기대하면서 말이다.

메타버스 1.0
의
7 가 지 공 간

메타버스가 누군가에겐 한여름 밤의 꿈이나 잠시 스쳐
지나간 신기루였을 수도 있고, 다른 누군가에겐 젖과
꿀이 흐르는 약속의 땅, 기회의 땅일 수도 있다. 다만,
분명히 밝히는데 '메타버스가 아직 오지 않았다'는 말
이 지금까지 걸어온 메타버스의 발자취를 부정하거나
깨끗이 지워야 한다는 의미는 아니다. 옴니아폰이 없
었다면 삼성의 스마트폰 갤럭시가 애플의 아이폰과 함
께 모바일 시대의 양대 산맥으로 우뚝 설 수 없었듯이
초기의 메타버스 플랫폼과 서비스는 인류가 새롭게 이
주할 디지털 행성으로서 메타버스의 가능성을 제시한
일종의 예고편이었다는 이유만으로도 충분한 역할을
했다고 볼 수 있다.

물론 코로나19 팬데믹 시기에 등장한 초기 메타버스 플랫폼이 완성도나 안정성 면에서 아쉬움을 남긴 것은 사실이다. 게임 플랫폼 로블록스^{Roblox}는 서비스 초기에 서버 불안정으로 사용자 간 소통 기능에 대한 불만이 쏟아졌고, 국내 소셜미디어 플랫폼인 제페토^{Zepeto}는 아바타의 디자인이 단순하고 콘텐츠가 부족하다는 지적을 받았다. 메타가 야심차게 내놓은 메타버스 플랫폼 '호라이즌 월드^{Horizon Worlds}'에 대해서도 낮은 그래픽 품질, 잦은 버그 발생, 네트워크 연결 문제 등에 대한 불만이 이어졌다. 특히 그래픽을 단순화하고 메모리 사용량을 줄이기 위해 아바타의 하반신을 생략했더니 현실감이 없다는 지적과 함께 접속할 동기가 약하다는 불평이 쏟아졌다. 사용자들의 이런 불만을 해소하기 위해 메타는 아바타의 하반신을 추가하는 방안을 검토 중인 것으로 알려졌다. 메타버스 초기 서비스에 대한 사용자들의 이러한 불만과 아쉬움은 일부 사용자들이 메타버스를 떠나는 요인이 되기도 했다.

하지만 이러한 불만에도 불구하고 초기 메타버스 플랫폼은 사람들이 가상현실에서도 현실의 세계에서와 비슷하게 놀고, 일하고, 만나고, 돈을 버는 '경험'을 할 수 있게 함으로써 세컨드 라이프의 가능성을 기대하게 했다. 이런 공적만으로도 초기 메타버스 플랫폼과 서비스, 그것을 개발한 기업과 개발자들의 노력은 충분히 가치가 있다. 그런 의미에서 지금까지 우리에게 기대와 함께 실망도 주었던 메타버스의 다양한 공간들을 간략히 짚어보자.

사무 공간:
꼭 현실의 공간일 필요는 없지!

코로나19 팬데믹이 시작되고 우리 앞에 닥친 가장 시급한 과제는 '어떻게 사람과 만나지 않고 일할 수 있는가'였다. 감염병이 죽음을 위협하는 상황에서도 먹고살기 위해서는 공장을 돌리고, 상품을 팔고, 홍보를 해야 했다. 감염자가 한 명만 나와도 건물 전체가 폐쇄되었던 팬데믹 초기의 엄중한 시기에 기업들은 곤경에 빠졌고, 필사적으로 대책을 마련해야 했다. 재택근무로 비상 전환하고, 회의는 온라인 회의 도구인 '줌Zoom' 등으로 해결할 수 있었지만, 초기에 사람들은 새로운 작업 환경에 적응하느라 애를 먹었다. 급한 불은 껐지만, 시간이 지나면서 화상회의에 대한 피로도가 점점 쌓여만 갔다. 화면을 계속해서 쳐다봐야 한다는 압박감, 상대방의 표정이나 몸짓을 제대로 읽지 못하는 불편함, 시선 처리의 어려움, 집중력 저하와 업무 효율 감소 등의 부작용이 발생하면서 '줌 피로증후군'이라는 말까지 생겨났다.

이 시점에 주목받은 것이 가상 오피스, 즉 메타버스 오피스다. 가상의 공간에 현실의 사무실과 똑같은 환경을 만들어놓고 직원의 아바타가 그 안에서 현실에서와 똑같이 일하고, 회의도 하고, 때로 휴식할 수 있게 한 공간이다.

부동산 프롭테크 기업 '직방'에서 선보인 '메타폴리스 Metapolis'가 대표 사례다. 직방은 2021년 2월 1일 자로 강남 사옥 시대를 마감하고 오프라인 출근을 전면 폐지했다. 오프라인 사무실을 없애는 대신 클라우드 워킹을 도입했다. 자체 개발한 가상현실(VR) 기반의 메타버스 협업 툴인 메타폴리스로 사무 공간을 이전한 것이다.

기존의 기업용 협업 툴과 달리 메타폴리스는 더 현실적이고 생동감 넘치는 가상현실 환경이다. 30층 규모의 직방 본사 건물이 그대로 가상공간에 담겨 있다고 보면 된다. 1층에는 직원들이 자유롭게 휴식할 수 있는 공간이 마련되어 있고, 2층부터 30층까지는 직원들이 업무를 볼 수 있는 공간으로 구성되어 있다. 방향키를 이용해 엘리베이터를 타고 사무실로 이동하는 등 일반적인 화상회의 툴이나 메신저 툴과는 확연히 다르다. 직원이 메타폴리스로 출근(로그인)하면 자신의 아바타가 다른 구성원과 업무를 논의하고 대화하고 함께 일한다. 가상공간이지만 사무실 모습을 그대로 구현해 직원 개개인의 자리가 있다. 동료와 시선이 마주치면 곧바로 화상으로 연결되기 때문에 군이 링크를 타고

들어가거나 별도 프로그램으로 접속하지 않아도 언제든지 말을 걸거나 의사소통할 수 있다. 심지어 오프라인에서와 마찬가지로 회의실로 이동하면 사적인 대화도 가능하다. 온라인 접속만 가능하다면 세상 어느 곳에서나 근무할 수 있고, 마치 3D 게임을 하듯 업무를 진행할 수 있다. 현재 메타폴리스는 직방뿐만 아니라 아워홈, AIF(글로벌 물류기업) 등 20여 개 기업이 입주하면서 글로벌 메타버스 오피스 플랫폼으로 성장하고 있다. 메타가 2021년 8월 선보인 메타버스 플랫폼 '호라이즌 워크룸Horizon Workrooms', 마이크로소프트가 2022년 10월 선보인 메타버스 플랫폼 '메시Mesh' 등도 메타폴리스와 유사한 메타버스 오피스 서비스를 제공한다. 이 플랫폼들은 가상현실과 증강현실 기술을 결합해 사용자들이 아바타를 통해 실제 사무실과 동일한 환경에서 업무를 볼 수 있도록 해준다. 이외에도 전 세계 다양한 기업들이 원격근무의 한계를 극복하고 새로운 업무방식을 창출할 수 있는 메타버스 오피스의 잠재력에 주목하고 있다.

여기까지가 메타버스 1.0의 사무 공간이다. 여기서 더 나아가 기술 발전으로 아바타와 인공지능(AI) 기술이 결합하면 어떻게 될까? 군이 현실의 내가 메타버스 오피스에 접속해 근무시간 내내 화면을 들여다볼 필요 없이 자율적으로 판단하고 행동하는 아바타에게 일을 시키면 된다. 현실의 나는 중요한 의사결정만 내리고 남은 시간 동안 다른 메타버스 공간에 로그인해 게임을 하거나 시간이 나면 잠깐 메타버스 여행을 다녀올수도 있다. 아니면 다른 메타버스 공간으로 들어가 투잡을 뛸 수도 있다. 상상만 해도 환상적이지 않은가.

놀이·휴식 공간:
현실에서 불가능한 경험을 할 수 있는 곳

메타버스가 대중에게 현실로 다가온 사건은 코로나19 팬데믹이 한창이던 2020년 4월에 일어났다. 미국의 유명 힙합 가수 트래비스 스콧Travis Scott은 '포트나이트Fortnite' 게임 속의 3D SNS '파티로얄Party Royale'에서 유료 콘서트를 개최했다. 콘서트는 게임 내 캐릭터로 구현된 트래비스 스콧의 아바타가 노래하고 유저들의 아바타가 관람하는 방식으로 진행되었다. 이 가상 콘서트에 전 세계 1,230만 명의 이용자가 몰렸으며, 게임 속 굿즈 판매로 무려 2,000만 달러(약 220억 원)의 매출을 올렸다. 콘서트는 단순한 온라인 중계도 가상 콘서트도 아니었다. 실시간으로 가수의 아바타와 관객의 아바타가 상호 반응하는 형태의 새로운 메타버스의 모습을 보여주었다. 이 가상 콘서트는 메타버스와 엔터테인먼트의 융합을 보여주는 중요한 사례이다. 두 달 뒤인 2020년 6월에 같은 공간에서 벌어진 라디오 디즈니 뮤직 어워

즈(RDMAs)에서 케이팝 그룹 블랙핑크와 레이디 가가가 가상 무대에서 공연을 펼쳤다.

이후 게임, SNS, 스포츠, 콘서트 등 다양한 경험을 제공하는 로블록스, 포트나이트, 제페토 등과 같은 플랫폼이 메타버스라는 이름으로 등장하면서 본격적인 메타버스 엔터테인먼트 시대를 열었다.

이러한 이벤트들은 참여자들에게 현실의 콘서트를 대체하는 것을 넘어서 현실의 콘서트장에서는 맛볼 수 없는 새로운 즐거움을 선물했다. 팬들은 내가 열광하는 대상을 눈앞에서 보고 아이컨택을 하기 위해서가 아니라 전혀 새로운 경험을 하기 위해 가상의 콘서트장에 입장한다. 현실의 공연장은 공간 제약으로 인해 많은 팬이 함께 공연을 관람할 수 없지만, 가상 콘서트는 인터넷만 연결된다면 누구나 전 세계 어디서나 함께 공연을 즐길 수 있다. 현실세계에서는 불가능한 장면이나 효과를 가상 콘서트에서 구현할 수도 있다. 트래비스 스콧의 가상 콘서트에서는 화산이 폭발하는 장면이나 우주선이 등장하는 등 현실의 콘서트에서는 불가능한 환상적인 장면을 연출했다.

이런 행사는 포트나이트가 단순한 게임 플랫폼을 넘어 메타버스 플랫폼을 지향하고 있음을 보여준다. 실제로 에픽게임즈 CEO이자 포트나이트를 개발한 팀 스위니[Tim Sweeney]는 2023년 1월 24일 자신의 트위터를 통해 "포트나이트는 현재 게임 플랫폼이다. 하지만 12개월 뒤에 다시 질문해달라(Fortnite is a game platform today. Ask me again in 12 months)"는 글을 올렸다. 그는 이미 2022년 10월에 열린 게임 개발자 콘퍼런스(GDC)에서 "포트나이트는 메타버스의 일부가 되었다"라고 말한 바 있다. 팀 스위니의 이러한 발언은 포트나이트가 메타버스 플랫폼이 되기 위한 노력을 계속하고 있음을 시사한다. 포트나이트는 이미 콘서트, 영화 상영회, 패션쇼 등 다양한 이벤트를 가상에서 개최해 메타버스 플랫폼으로서의 가능성을 보여주고 있다.

메타버스 비즈니스의 본질은 현실의 장벽을 허무는 것이다. 현실을 그대로 재현하는 것이 아니라 가상공간의 특성을 살려 현실에서는 맛보기 어려운 경험으로 차별화해야 한다는 이야기다. 가상의 BTS(방탄소년단)를 보는 것이 눈앞에서 BTS를 보는 것을 대체할 수는 없다. 하지만 너무 멀거나 비용이 많이 든다면 메타버스가 더 나은 경험을 제공할 수도 있다. 메타버스 공간의 가치는 현실적으로 어려운 것을 가능케 하는 데서 나온다. 예를 들어 맛집에서 음식을 먹고 사진을 찍어 인스타그램에 올리는 것은 현실세계에서 경험하는 것이 더 좋다. 하지만 전 세계 아미가 한자리에 모여 BTS 콘서트를 감상할 수 있는 것은 가상세계만의 장점이다.

현실의 벽을 허물고, 시공간을 초월한다면 메타버스 놀이터는 인간의 창의력에 영감을 줄 수 있고, 현실에서는 상상할 수 없는 능력을 발휘하고 자유로움을 느끼게 할 수 있다. 마이클 잭슨의 아바타와 BTS가 합동 공연을 펼치는 장면을 상상해보라. BTS가 아니라 내가 그 주인공이 될 수도 있다. 넷플릭스 시리즈 〈오징어 게임〉을 VR 헤드셋을 끼고 3D로 보는 것을 넘어 내가 457번째 참가자가 되어 살 떨리는 게임을 생생하게 즐길 수도 있다. 상상하는 모든 것이 현실이 된다.

여행 공간:

모험가들을 위한 여행, 당신의 목적지는?

현실의 장벽을 부수고 시공간을 초월하는 것이 메타버스의 본질이라면 그것이 가장 필요한 분야가 바로 여행이다. 코로나19 팬데믹으로 국경이 봉쇄되면서 여행에 대한 사람들의 열망은 더 강해졌다. 사람들의 여행 욕망을 조금이나마 충족시키기 위해 인터넷 랜선 여행, 언택트 여행 등 '방구석' 시리즈가 봇물 터지듯 쏟아져 나왔지만, 이런 콘텐츠들은 여행에 목마른 사람들에겐 TV로 아프리카 오지의 다큐멘터리를 보는 것 이상의 만족감을 제공하지 못했다. 그런 의미에서 '시공간의 초월'을 본질로 하는 메타버스의 정의를 가장 잘 구현해주는 메타버스 여행 공간은 인류에게 새로운 형태의 모험을 제공할 수 있다.

메타버스 여행에서 중요한 요소는 실제로 현장에 있는

듯한 '몰입감'이다. 구글은 지구의 위성 이미지와 3D 지도를 제공하는 '구글 어스'를 통해 실제 여행지를 360도 촬영한 영상을 기반으로 체험할 수 있는 서비스를 제공하고 있다. 게임 플랫폼인 마인크래프트와 로블록스는 자신들의 메타버스 플랫폼에 다양한 여행 테마의 가상공간을 구축했고, 이외에도 트립어드바이저, 익스피디아, 에어비앤비 등 여행 관련 여러 기업들이 메타버스 여행 플랫폼을 개발 및 운영하고 있다. 핀란드 헬싱키시는 자체 개발한 메타버스 플랫폼 '버추얼 헬싱키'를 선보이기도 했다. 헬싱키의 실제 모습을 그대로 구현한 가상세계에서 다양한 활동을 즐길 수 있다. 이런 서비스들이 쏟아져 나오면서 가상여행이 전 세계 어디에서나 다양한 여행 경험을 할 수 있는 새로운 여행 문화로 자리 잡을 것이라는 기대가 피어올랐다.

물론 현재의 기술로는 현실의 여행지와 동일한 수준의 여행 경험을 제공하긴 어렵다. 더 생생한 메타버스 여행을 위해서는 높은 수준의 그래픽과 통신 기술이 필요하다. 그런데 곰곰이 생각해보면 코로나19 팬데믹과 같은 돌발적인 상황만 아니라면 굳이 실제로 갈 수 있는 여행지를 메타버스로 다녀오는 것이 뭐 그리 대단한 일일까 싶다. 여행할 시간을 도저히 내기 어렵거나 비행기를 탈 돈이 없는 사람을 제외하고는 말이다. 물론 대한민국 국민이라면 누구나 여권 없이 메타버스로라도 북한을 여행하고픈 마음이 간절할 수 있다.

하지만 모험가라면 메타버스에 조금 더 환상적인 여행을 기대하지 않을까. 예를 들어 메타버스라면 영화에서 나오는 시간 여행도 가능하다. 고대 유적지를 현재의 모습이 아니라 고대인이 살았던 당시의 모습으로 여행한다거나, 동상이나 기념관에 걸린 초상화로나 볼 수 있는 유명인을 역사의 현장에서 생생하게 만나 대화할 수도 있고, 이미 멸종된 동물을 만나는 진귀한 경험도 할 수 있다.

실제로 미국의 메타버스 여행 플랫폼 기업인 '투어윗 TourWit'이 개발한 서비스 'Historical Journeys'는 역사적인 사건을 가상현실로 구현해 방문객들이 생생하게 체험할 수 있는 콘텐츠를 제공한다. 일례로 사용자는 TourWit을 통해 미국 남북전쟁 당시의 게티즈버그 전투의 현장을 둘러볼 수 있을 뿐 아니라 전쟁 당시의 군복을 입고 총을 들고 전투를 벌이는 경험도 할 수 있다. 가상현실로 구현한 9.11 테러 현장을 방문한다면 당시의 참혹한 현장을 생생하게 느껴볼 수도 있다.

만약 이런 서비스가 국내에 출시된다면 조선 시대로 건너가 이순신 장군의 명량해전에 참전해 급박한 역사의 소용돌이에 몸을 맡겨보는 것도 가능하다. 치열했던 전장의 한가운데서 나라를 지키기 위해 죽음을 각오한 선조들의 기백을 느껴보는 것이다. 지금의 어린 세대가 경험하지 못한 월드컵 4강 신화의 현장도 메타버스에서 재현할 수 있다. TV 화면이 아니라 2002년 한일 월드컵 현장의 한가운데서 'Be the Reds'가 쓰인 붉은색 티셔츠를 입고 직접 거리 응원을 하며 당시 대한민국의 뜨거웠던 열기를 체험할 수 있다.

모험가를 넘어선 탐험가라면 굳이 메타버스 여행지를 지구로 한정할 필요도 없다. 우주 공간을 유영하며 눈부신 달빛과 무한한 우주의 신비로운 경치를 감상하는 장면을 떠올리는 것만으로도 가슴이 웅장해지지 않는가. 우주선을 타고 더 멀리 다른 은하계로 나아갈 수도 있고 직접 우주선을 운행해볼 수도 있다. 현실에서는 불가능한 경험이 우리 눈앞에 경이롭게 펼쳐지는 것이다. 현실에서는 적어도 수십억 원은 있어야 우주로 '잠깐' 여행을 다녀올 수 있지만, 메타버스라면 거추장스러운 장비 없이 원하는 시간에 언제든 우주 여행을 다녀올 수 있다. 부담스럽지 않은 경비로 가상의 우주 여행을 다녀올 수만 있다면 누가 기꺼이 돈을 지불하지 않겠는가.

학 습 공 간 :

메타버스 라이브러리에서 펼쳐질 지식혁명

이순신 장군과 우주 여행 이야기가 나온 김에 메타버스 학습 공간으로 들어가 보자. 코로나19 팬데믹 동안 교육은 어떤 분야보다도 극심한 변화를 겪으며 전례 없는 도전 과제에 직면했다. 학생들의 등교가 전면 중단되고 교정의 문이 닫히자 아이들의 교육에 비상등이 켜졌다. 많은 학부모가 발을 굴러야 했고, 특히 대학 신입생들은 신학기가 되었는데도 교정을 밟지도, 학우들을 만나지도 못했다.

물론 팬데믹 이전부터 학습의 다양한 카테고리 중 하나로 자리 잡았던 온라인 수업이 대안으로 떠올랐지만, 더 나은 교육을 위한 수단이라기보다는 최소한의 보조적 수단에 그쳤다. 이런 방식은 준비 없이 맞이한 팬데믹 상황에서 교육 현장에 많은 문제점을 드러냈다. 학습자의 집중력 감소나 인터넷 접근성의 차이로 인한 교육 격차의 확대라는 예기치 못한 문제도 야기했다. 그중에서도 가장 큰 문제는 교육자와 학습자, 학습자 간의 '상호작용'의 부재였다. 실제 교실에서는 눈맞춤이나 제스처를 활용해 교육자가 학습자와 상호작용할 수 있지만, 온라인 수업에서는 강의 동영상이나 채팅창을 통해서만 소통하기 때문에 상호 간의 정서적 연결에 한계가 있었다. 교육자와 학습자에겐 노트북의 화면이 둘 사이를 가르는 거대한 벽처럼 느껴질 수밖에 없는 것이다.

이런 문제점을 해결하기 위해 메타버스 내에서 가상 강의실이나 학습 공간을 제공해 학생들이 강사와 상호작용하며 수업을 들을 수 있는 플랫폼이 만들어졌다. 네이버는 제페토 내에 가상 대학교 캠퍼스를 조성해 학생들이 자유롭게 이동하며 강의를 수강하고 동아리 활동을 할 수 있도록 했고, 로블록스는 게임에 익숙한 아이들을 위해 다양한 게임이나 활동을 통해 학습할 수 있는 공간을 제공했다.

줌과 메타버스 플랫폼은 실제 얼굴을 보면서 회의를 진행할 수 있다는 공통점이 있지만, 메타버스 플랫폼에서는 자신의 아바타를 활용해 마치 오프라인에서 활동하는 것과 같은 효과를 누릴 수 있다. 특히 SNS로 소통하는 것이 일상인 알파 세대는 메타버스 교육 플랫폼에서 교육을 받고, 로블록스와 제페토에서 게임을 하듯 친구들과 놀며 성장해가고 있다. 이들에게 학습은 교과서의 텍스트나 사진으로 배우는 것이 아니라 메타버스 공간에 머무는 행동 그 자체를 의미한다. 앞서 메타버스 여행 공간에서 소개한 내용은 그대로 메타버스의 학습 공간이 될 수 있다. 남북전쟁이나 명량해전이 벌어진 역사적인 사건을 교과서에 나온 대로 암기하는 것이 아니라 가상의 역사 현장에서 오감으로 직접 느끼고 체험하는 것 자체가 지식의 형태로 쌓이게 된다.

현장 실무를 익히기 위한 기능 기술 교육도 달라질 수 있다. 노장 클린트 이스트우드가 감독한 영화 〈설리: 허드슨강의 기적〉(2016)은 허드슨강의 기적을 만든 기장 설리의 긴박했던 당시 상황을 그린 영화다. 영화 중간에 기장 설리가 취한 행동이 비상 상황에서 적절한 행동이었는지를 판단하기 위해 시뮬레이션하는 장면이

나온다. 메타버스로 이 장면을 재현한다면 어떨까? 지금의 시뮬레이션 화면보다 훨씬 리얼한 싱크로율 100%에 근접한 메타버스를 활용해 항공 훈련, 우주 훈련을 한다면 승무원이나 조종사의 안전성 확보에 크게 기여할 것이다.

알파 세대가 성인이 된 미래에는 교육과 학습의 공간과 사회적 활동을 위한 소통 공간의 경계가 더 희미해질 것이다. 학습 공간은 점점 현실의 도서관이나 실습 현장을 닮아갈 것이다. 공통의 관심사를 가진 전 세계 학습자들이 시공간을 초월해 메타버스 공간에서 상호작용한다면 인간의 지적·기능적 능력은 지금보다 한 차원 높아질 것이다. 원한다면 과거의 석학들을 학습 동아리나 세미나에 불러들일 수도 있다. 법학도들의 학습 동아리라면 함부라비 왕을 불러들여 법학의 기초에 대해 토론하고, 물리학도라면 아인슈타인을 초청해 상대성 이론에 대해 강의를 듣거나 요즘 이슈가 되는 양자역학에 대한 토론을 벌일 수도 있다.

생과 사, 시공간의 제약이 없어진 메타버스 공간에서 미래 인류는 분명 지금의 인류보다 훨씬 더 똑똑해질 것이다. 인터넷 시대가 열리면서 더 쉽게 정보에 접근하고, 인터넷 카페나 블로그를 통해 집단지성의 수준이 높아졌듯이 말이다. 메타버스는 오감을 자극하는 형태로 시공간을 초월한 교육 공간을 펼쳐냄으로써 사람들의 지적 능력을 한 차원 높은 수준으로 끌어올릴 것이다.

사회 공간:
디지털 세계의 새로운 소셜 플레이그라운드

사회적 동물인 인간에게 현실에서 다른 사람을 만나 같이 밥을 먹고 차를 마시고 놀이나 취미활동을 함께 하면서 관계를 돈독히 하는 것은 매우 소중한 일상이다. 그런데 이것만이 다른 사람과 관계를 맺는 유일한 방법이 아니게 된 지는 꽤 오래다. 가상의 인터넷(거슬러 올라가면 PC 통신 시절도 있었지만)이라는 공간에서 '아이디(ID)'라는 계정을 부여받은 순간부터 인간은 자신의 실제 모습을 화면 뒤에 감추고 본캐가 아닌 부캐로 사람들과 소통하고 관계를 맺어왔다. 현실에서는 전혀 친절한 사람이 아닌데도 인터넷 세상에서는 누구보다 친절하게 자신의 정보를 기꺼이 타인에게 내어주기도 한다.

인터넷이 연결되지 않은 오지 사람들을 제외하곤 대부분 현대인은 자신의 인터넷 계정 하나쯤은 갖고 있다. 초기에 '메신저'라 불렸던 일대일 채팅 서비스를 시작으로 인터넷 카페와 블로그에서 공통의 관심사를 가진 다수의 사람이 아이디나 대화명 뒤에 숨어 허심탄회하게 정보를 교환하며 관계를 구축했다. 이런 관계는 때로 오프라인 관계로 이어지기도 했다.

이후 페이스북, 트위터, 인스타그램, 유튜브와 같은 새로운 소셜미디어가 등장하고 스마트폰 시대가 열리면서 소통의 패러다임도 변화했다. 이런 SNS는 간단하게 메시지를 공유하고 소통할 수 있는 편리한 방법을 제공함으로써 컴맹이었던 80대 노인조차도 자신의 계정으로 타인과 소통할 수 있게 해주었다. 스마트폰으로 올린 자신의 일상이 담긴 글과 사진을 실시간으로 지구 반대편에 있는 사람과 공유할 수 있다. 굳이 만나지 않아도 지구 반대편의 사용자가 '좋아요'를 누르면 가상의 세계에서만큼은 친구가 된다. 사람들은 더 자주 더 많이 자신을 표현했고, 글로벌한 소셜 플랫폼 덕분에 다양한 국가와 지역의 사람들과 소통함으로써 서로 다른 문화와 관점을 이해하고 공유했다.

메타버스 공간은 텍스트와 이미지를 넘어서 아바타를 통해 더 생생하고 현실적인 소통을 할 수 있다. 그래서 사회적 관계를 맺는 본연의 목적은 물론이고 메타버스 공간에서 벌어질 업무, 놀이, 여행, 투자, 학습 등 모든 활동의 기초가 된다. 기존 소셜미디어나 블로그와 달리 현실과 동일한 3D의 가상공간을 제공하기 때문에 더 몰입감 높고 현실감 있는 상호작용이 가능하다.

제페토와 로블록스, 호라이즌 월드 등 메타버스 플랫폼은 각각 추구하는 공간의 특성은 다르지만, 그 토대는 결국 사람들이 가상의 세계에서 관계를 맺도록 돕는 플랫폼이다. 게임을 통해 관계를 맺을 것인가, 교육이라는 서로의 목표를 위해 관계를 맺을 것인가, 함께 일을 도모하기 위해 관계를 맺을 것인가의 차이일 뿐이다.

메타의 저커버그는 2022년 2월 2일 열린 페이스북의 분기 실적 발표에서 다음과 같은 말을 남겨 페이스북의 DNA를 그대로 메타버스에서도 유지하겠다는 의지를 보여주었다.

"메타버스는 우리 회사의 미래이다. 우리는 메타버스를 통해 사람들을 더 가깝게 연결하고, 새로운 기회를 창출하고, 더 나은 세상을 만들 것이다."

기술이 더 발전하면 메타버스 공간은 실제와 거의 동일한 경험을 제공하면서도 지리적 제약을 뛰어넘어 만나기 힘들었던 사람을 만나게 하고, 시간을 초월해 죽은 사람이나 역사 속 인물 심지어 과거의 나와도 만나게 해줄 수 있다.

메타버스에서의 관계는 우리의 시각을 확장하고, 새로운 아이디어와 문화를 접하게 해줄 것이다. 다양한 배경을 가진 사람들과 만나면서 창의성을 자극받을 것이다. 이러한 경험을 통해 인간은 더 열려 있고 사려 깊은 사람으로 성장할 수 있다. 또한 자신감을 가지고 미래를 향해 나아갈 수 있을 것이다. 기존에 3차원이었던 인류 사회의 4차원적 확장, 이것이 새롭게 열리는 메타버스 사회가 갖는 문명사적 의미다.

투자 공간:
디지털 도박장인가, 새로운 경제 낙원인가

글로벌 시장조사기관인 스태티스타에 따르면, 2023년 메타버스 시장 규모는 820억 2,000만 달러(약 107조 원)로 예상되며, 2030년에는 10배 이상 증가한 9,365억 7,000만 달러(약 1,222조 원)에 달할 것으로 전망된다. 이와 함께 디지털 경제의 15%가 이미 메타버스로 이동하고 있으며, 2030년까지 메타버스 사용자 수는 7억 명에 이를 것으로 예상했다. 이 전망에 따르면 앞으로 7년 후면 전 세계 인구 10명 중 1명이 메타버스 사용자가 되고, 그들이 지금보다 10배 이상 메타버스에 돈을 더 쓰게 된다는 이야기다. 조금 성급한 기대를 반영한 수치로 보일 수 있겠지만, 메타버스의 실체를 의심하거나 메타버스 붐이 이미 꺼졌다고 생각하는 사람들에겐 상당히 의외의 조사 결과이리라.

실제로 메타버스는 한동안 새로운 투자 공간으로 주목받았다. 현실세계의 물리적 자산이나 시스템을 가상세계에 그대로 구현할 수 있는 디지털 트윈digital twin이라는 기술을 활용해 메타버스 공간에 새로운 경제 환경이 구축되었다. 이를 통해 현실세계와 동일한 경제 활동을 메타버스 공간에서 할 수 있게 되었고, 이는 새로운 투자 기회를 창출하고 있다.

메타버스 공간에서 이뤄지는 가상 거래는 크게 2가지

로 나눌 수 있다. 첫 번째는 현실세계의 물리적 자산을 가상세계에 구현하여 거래하는 것이다. 예술품을 NFT^non-fungible token(대체 불가능 토큰)로 거래하는 플랫폼이나 부동산 거래를 가상화한 플랫폼들이 대표적인 예다. 두 번째는 메타버스 공간에서만 존재하는 가상의 자산을 거래하는 것이다. 가상부동산, 가상화폐, 디지털 아바타, 가상의류 등이 여기에 해당한다. 지난 2011년 11월에는 메타버스 플랫폼 샌드박스 속 가상부동산이 430만 달러(약 53억 원)에 팔리는 사례가 있었다. 이는 메타버스 공간에서 이뤄진 최고가 부동산 거래로, 메타버스 공간에서의 부동산 투자 열풍을 보여주는 사례로 주목받았다. 가상부동산에서도 현실의 부동산과 마찬가지로 위치와 희소성 등이 거래의 고려 대상이 된 것이다. 또한 현실에서와 마찬가지로 가상부동산 개발사들은 가상에서 땅을 사들여 여기에 가상주택을 세우거나 리조트를 짓고, 쇼핑몰이나 건물을 세워 분양을 하기도 했다. 일각에서는 '봉이 김선달'이 아니냐는 우려를 내놓기도 했지만, 《뉴욕타임스》는 "메타버스가 조만간 가상자산을 바탕으로 새로운 경제권을 형성할 것"이라고 논평한 바 있다.

스태티스타의 전망대로 메타버스 사용자가 늘어나고 지구의 규모만큼 메타버스의 영토가 확장된다면 거기서 필연적으로 경제 활동이 벌어질 수밖에 없다. 더 많은 시간을 가상에서 보내면 사람들은 그곳에서 살아갈

자신의 아바타를 위해 더 좋은 위치에 좋은 집을 마련
해주고, 외모를 꾸며수고, 그를 성장시키기 위해 지갑
을 열게 될 것이다.

한편 메타버스는 다양한 분야의 일자리를 창출할 것
이다. 대표적인 분야로 게임 개발, 가상세계 구축, 가상
아이템 제작, 가상화폐 거래 등이 있지만, 가상의 세계
가 현실의 물리적인 세계만큼 규모가 커진다면, 이보다
훨씬 더 많은 직업이 생겨날 것이다.

물론 메타버스 경제에도 현실에서와 똑같은 문제가 발
생할 것이다. 자본주의와 관료제 사이의 투쟁이 메타
버스에서도 그대로 재연될지도 모른다. 현실에서와 마
찬가지로 메타버스 세상에서도 빈부 격차가 심각한 사
회문제가 될 수도 있다. 그러나 우리가 기억해야 할 점
은 언제나 부富는 새로운 변화와 기회 앞에서 겁내고 주
저하는 사람들이 아니라 남들보다 한발 앞서간 사람들
의 몫이었다는 사실이다. 메타버스상에서 NFT 명품
핸드백이 수천만 원에 낙찰되는 일을 그냥 돈 많은 사
람들이나 정신 나간 사람들의 일탈 행위로 보는 이들
에게 메타버스 세계는 환각으로 이해될지 모른다. 그러
나 이는 엄연한 현실임을 잊지 말자.

생활 공간:
우리 모두가 꿈꾸는 세컨드 라이프

지금까지 살펴본 메타버스 공간들을 종합해보면 인간은 앞으로 현실과 가상을 오가며 일하고, 친구를 만나서 놀고, 공부를 하고, 여행도 가고, 돈도 벌게 된다. 마치 행성을 여행하듯 다양한 메타버스 공간을 로그인, 로그아웃하면서 일상을 보내게 된다. 어쩌면 현실보다 가상에서 보내는 시간이 더 길어질지도 모른다. 그때쯤에는 어떤 게 현실이고 어떤 게 가상인지, 가상의 내가 나인지, 현실의 내가 진짜 나인지 구분할 수 없는 지경에 이를지도 모른다.

메타버스 1.0의 공간이 현실의 문제를 해결해주고 현실을 대체하는 다양한 활동 공간을 제공해주는 역할을 해온 것은 분명하다. 그러나 인류가 메타버스에 요구하는 것은 현실의 삶을 대신해줄 공간, 현실을 그대로 본뜬 공간이 아니다. 이보다는 한 차원 더 높은 '초월적 공간'을 원한다.

빌딩이 즐비한 대한민국의 서울 중심에서 살지만, 한편으론 숲으로 둘러싸인 캐나다의 시골 마을에서 한적한 생활을 즐기고도 싶다. 현실에서는 직장에 매여 있지만 어렸을 적 포기했던 화가로서의 삶도 살아보고 싶을 수도 있다. 더 나아가 아시아인 남성이 아닌 흑인 여성으로 새로운 자아를 갖고 싶을 수도 있다. 우리의 마음 깊숙한 곳에는 현실의 내가 아닌 새로운 '자아'로 새로운 '넥스트 라이프'를 경험해보고 싶은 욕망이 꿈틀거린다. 이런 욕망을 실현해줄 방법이 메타버스 말고 또 있을까?

메타버스는 인류에게 새로운 삶의 공간을 제공해준다. 우리는 메타버스에서 가족과 산책을 할 수도 있고, 애인과 데이트를 할 수도 있다. 출장이나 용무가 있어 해외에 떨어져 있더라도 메타버스 공간 속의 제3지대, 즉 한국도 미국도 아닌 유럽의 어느 멋진 공원 벤치에 모여 앉아 대화를 나눌 수도 있다. 이는 기존의 단순한 영상통화보다 훨씬 더 입체적 라이프 공간이 된다. 우리는 어쩔 수 없이 떨어져 있는 물리적 공간을 초월해 메타버스 공간에서 함께 있을 수 있는 것이다.

생활 공간으로서의 메타버스는 거리의 소멸을 의미한다. 따라서 메타버스 공간은 인간들이 '따로 또 함께' 할 수 있는 공간이다. 인류 역사상 경험해본 적 없는 일이다. 우리는 이제 물리적 공간과 메타버스 라이프 공간이라는 두 개의 인생 공간을 갖는다. 메타버스는 생활의 확장을 넘어 인생의 평행우주를 선물하고 있다. 따라서 우리가 메타버스 2.0에 기대하는 것은 얼마든지 다양한 인생의 경로를 탐색할 수 있는 특별한 여정이 될 것이다.

기 술 에 서
인 간 에 관 한
이 야 기 로

메타버스 2.0은 기술의 진화를 통해 1.0 버전보다 훨씬 더 몰입감이 높아진 업그레이드 버전일까, 아니면 인공지능과 결합해 더 생동감 있고 자연스럽게 소통하는 아바타들의 세상일까. 결론부터 이야기하자면 메타버스 1.0이 기술에 초점을 맞춘 '공간'의 이야기였다면, 메타버스 2.0은 인간에 대한 탐구와 성찰을 바탕으로 한 새로운 '삶'에 관한 이야기다. 이것이 갤럭시코퍼레이션 (이하 갤럭시)이 메타버스 사업에 발을 들인 이후 한순간도 놓치지 않았던 비전이자 사업의 방향성이다.

물론 기존의 메타버스 공간이 보여준 다소 실망스러운 평가를 만회하려면 사람들이 들어가지 않을 수 없게끔 매력적인 가상의 '공간'을 만드는 것도 중요하다. 고급 애니메이션 수준이라는 평가를 뛰어넘으려면 고해상도, 고품질의 그래픽 및 영상 기술이 필수적이고, 실시간 렌더링 및 처리 기술, 클라우드 컴퓨팅, 인공지능, 햅틱haptic(사용자에게 힘, 진동, 모션 등을 적용해 터치의 느낌을 구현하는 기술) 디바이스, 빅데이터 분석에 이르기까지 다양한 기술이 지금의 수준을 넘어서야 한다. 이런 공간에 쉽게 빠져들 수 있게 해주는 헤드셋 등의 웨어러블 디바이스가 필요한 것은 두말할 필요도 없다. 그래서 지금 모두의 관심이 메타와 애플에서 개발하고 있는 헤드셋에 쏠려 있다. 기술적으로만 보면 메타버스라는 것 자체가 물리적인 공간이 아닌데도 다양한 기술을 활용해 마치 현실처럼 판타지를 부여함으로써 인간의 시각과 뇌신경에 착각을 일으키는 것이기 때문이다.

공간보다는
인간의 성장과 행복

메타버스 사업가들은 가상의 공간이긴 하지만 우리 뇌가 혼동을 일으킬 정도로 현실 같은 메타버스 공간을 만들고자 애쓰고 있다. 현실에서와 마찬가지로 가상에 땅을 마련해 훌륭한 가상의 건축물을 세우고, 공간의 가치를 높이기 위해 아티스트의 조형물을 배치하고, 심지어 숲도 가꾼다. 시각과 청각을 넘어 향기와 맛까지 현실 그대로 구현할 방법을 찾고 있다. 이것은 뛰어난 기술을 가진 기업 혼자서 할 수 있는 일이 아니다. 메타버스 관련 기업들이 각자의 특기를 발휘하고 그것이 하나로 합쳐져야 가능하다.

메타버스 세계에 발을 들인 기업이라면 규모가 크든 작든 메타버스에 대한 각자의 정의를 갖고 있다. 마크 저커버그에겐 "인터넷 클릭처럼 쉽게 시공간을 초월해 멀리 있는 사람과 만나고 새로운 창의적인 일을 할 수 있는 인터넷 다음 단계"이고, 게임 개발자 크리스 데이비스[Chris Davis]에겐 "현실세계와 가상세계의 경계를 허물어 게임, 소셜미디어, 교육, 엔터테인먼트 등 다양한 목적으로 사용할 수 있는 새로운 세계"이며, 블록체인 전문가 마크 리[Mark Lee]에겐 "블록체인 기술을 기반으로 한 탈중앙화된 가상세계"이다.

비슷하면서도 다르게 표현한 메타버스에 대한 정의를 보면 각 기업의 사업 방향과 비전에 대한 미묘한 차이가 읽힌다. 저커버그가 내린 정의에서는 메타버스가 인터넷 이상으로 인류에게 큰 변화를 몰고 올 것이라는 강한 확신과 함께 앞으로 펼쳐질 메타버스 생태계를 장악하겠다는 야심이 엿보인다. 크리스 데이비스는 게임 개발자답게 메타버스의 세부 기능에 초점을 맞췄고, 마크 리는 블록체인 전문가답게 메타버스에서 창조될 새로운 경제 시스템에 대한 기대를 강하게 드러냈다.

여전히 메타버스의 가능성에 주목해 막대한 돈을 투자

하고 있는 이 기업들의 움직임은 모두 하나같이 소중하다. 비전과 세계관이 다른 기업들의 경쟁은 역사적으로 결코 마이너스로 작용한 적이 없다. 이런 기업들이 경쟁하고 협력하는 과정은 미래의 메타버스를 더 매력적인 세계로 만드는 동력이 될 것이기 때문이다.

이들의 노력에 응원의 박수를 보내며 누구보다도 환상적인 메타버스 공간이 탄생하길 기다리는 갤럭시는 메타버스를 "또 다른 지구"로 정의한다. 중요한 것은 가상의 공간 자체가 아니라 그 공간에서 살아갈 인간의 새로운 삶이다. 시공간을 초월하고, 죽음까지도 넘어서 인간이 꿈꾸고 상상하고 희망하는 모든 것을 이루고 실현할 수 있는 새로운 삶의 무대를 만드는 것이 갤럭시가 추구하는 가치다. 이 세상을 행복으로 가득 채우기 위해 우리에게 메타버스라는 솔루션이 필요했을 뿐이다. 메타버스가 인간에게 행복을 주기에 어울리지 않는 도구였다면 아마 우리는 다른 솔루션을 택했을지도 모른다.

갤럭시가 메타버스를 통해 추구하는 것은 단순한 즐거움이나 편안함이 아니다. 메타버스라는 새로운 문명을 인본주의적인 고차원적 문화로 풀어내고자 한다. 공간보다는 '인간', 환상적인 경험보다는 현실 자아의 '성장'과 '행복'이 우리에게 중요하다. 그래서 사업 초기부터 공간에 초점을 맞추기보다는 인간을 창조하는 비즈니스를 추구해왔다. 모두가 기술을 이야기할 때 우리는 문화, 방송이라는 매체를 파고들어 대중을 위한 서비스를 고민했다.

'현실의 나'를 위한
또 다른 지구

'왜 인간인가'에 대한 물음에 답을 주는 두 편의 영화가 있다. 첫 번째 영화는 2009년에 개봉한 〈써로게이트〉다. 기술이 발전한 먼 미래에는 영화에서처럼 기본적인 생리 현상을 제외한 거의 모든 생활을 로봇 아바타가 대신해주는 시대가 올지도 모른다. 현실과 가상 사이의 경계, 궁극적으로는 인간의 정체성에 대한 심오한 질문을 던지는 이 영화에서 인간은 일상의 대부분을 로봇 아바타와 신호를 주고받기 위한 전선을 머리에 단 채 자신의 방에 누워 지낸다. 현실에서보다 훨씬 젊고 매력적인 로봇 아바타로 살아가는 인간들은 굳이 늙고 볼품없는 현실의 모습으로 사람들 앞에 나설 필요성을 느끼지 못한다. 주인공인 톰(브루스 윌리스 분)과 그의 아내 매기(로자먼드 파이크 분)도 마찬가지다. 부부는 써로게이트라는 대리 로봇만을 이용해 만나고 대화한다. 같은 집에 살면서도 아바타로만 만날 뿐 현실에서는 서로 만나지 않던 두 사람은 결국 영화의 엔딩 장면에서 오랜만에 재회하며 서로의 소중함을 깨닫는다.

영화의 주요 내용은 인간의 안전을 위해 로봇 아바타를 창조했던 캔터 박사가 자신의 창조물이 인간에게 오히려 위협이 될 수 있음을 깨닫고 써로게이트의 핵심 시스템을 해킹해 파괴하려는 음모를 꾸미고, 이것을 FBI 수사 요원인 톰이 추적하는 과정이다. SF 수사물의 성격을 띠지만 정작 이 영화를 통해 조너선 모스토우 감독은 기술의 발전으로 인간이 기술 문명에 직면하더라도 인간의 본질은 변하지 않는다는 것, 그래서 기술이 지향해야 하는 방향은 기술 자체가 아니라 인간의 본질에 있음을 이야기하고 있다.

그런 면에서 많은 영감을 주는 또 다른 영화가 2018년에 개봉한 스티븐 스필버그 감독의 〈레디 플레이어 원〉이다. 2045년의 미래를 다룬 이 영화에서 등장인물들은 지금의 인류가 스마트폰을 문신처럼 몸에 지니고 다니듯 헤드셋을 썼다 벗었다 하면서 살아간다. 부모를 잃고 이모 집에 얹혀 사는 주인공 웨이드 와츠(타이 쉐리던 분)에겐 자신의 표현대로 "시궁창 같은 현실을 탈출해 어디든 갈 수 있고 뭐든 할 수 있는" 가상현실 '오아시스 OASIS'에서 보내는 시간이 유일한 낙이다. 웨이드에게 오아시스는 "도박과 결혼은 물론이고 이혼도 할 수 있는" 환상의 세계다.

그러던 어느 날 이미 세상을 떠난 오아시스의 창시자 제임스 할리데이(마크 라이런스 분)로부터 메시지가 날아든다. 그는 자신이 가상현실 속에 숨겨둔 세 개의 미션에서 우승하는 사람에게 오아시스의 소유권과 막대한 유산을 상속한다는 유언을 남긴다. 웨이드는 오아시스에서 만난 친구들과 의기투합해 할리데이의 유산을 차지하기 위한 미션에서 성공하며 현실에서도 히어로로 거듭난다.

이 영화에서 주인공들은 현실과 가상세계를 부지런히 오간다. 그러면서 가상세계에서 만난 친구들의 본캐를 궁금해하기도 하고, 그 과정에서 본캐끼리 사랑의 감정도 느낀다. 가상에서처럼 매력적인 외모가 아닌데도 가상에서 느낀 감정이 그대로 현실에서도 재연되는 장면은 상당히 인상적이다.

이들이 미션을 푸는 과정 또한 흥미롭다. 웨이드와 친구들은 1980년대 대중문화에 대한 지식을 바탕으로 각종 난관을 극복해나간다. 가상의 게임을 통해 도전정신을 기르고 현실의 삶을 치유하며 히어로로 거듭나는 과정에서 현실의 본캐는 마침내 성장을 이뤄낸다. 이를 통해 등장인물들은 현실세계의 의미, 인간의 정체성, 그리고 사랑의 가치를 깨닫는다. 가상에서의 삶이 현실의 나를 돕고 성장시킨 것이다.

기업가들이 천문학적인 돈을 들여 가상에 새로운 도시를 건설하고 그 공간에서 살아갈 아바타를 만드는 것은 더 이상 갈 곳이 없어진 인류를 그곳으로 이주시키기 위한 것이어서는 안 된다. 갤럭시가 꿈꾸는 '또 다른 지구'는 일론 머스크가 가고자 하는 우주가 아니다.

그는 기후위기를 겪는 지구인들을 화성으로 이주시킬 계획을 추진하고 있다. 갤럭시가 추구하는 '또 다른 지구'는 현실의 나를 더 나은 사람으로 만들고, 현실의 지구를 더 나은 곳으로 만들기 위한 새로운 삶의 터전이다.

새 　　 로 　　 운
물 　 결 　 이
온 　　　　 다

"벌써 8년이 됐네요. 항상 그리웠어요. 딱 한 번 꿈에 나왔는데 정면이 아니라 옆면이었어요. 한 번 더 보면 좋겠는데 아직 나타나질 않네요."
지난 2022년 10월 10일 방송된 TV조선 프로그램 〈아바드림〉에 '드리머'로 출연한 가수 오승근이 방송 전 가진 기자간담회에서 방송 출연 계기를 묻는 질문에 이렇게 답했다. 〈아바드림〉은 '삶과 죽음, 시공간을 초월한 가상세계에서 선보이는 메타버스 AI 음악쇼'라는 콘셉트로 기획된 프로그램으로, 갤럭시와 그 자회사인 메타버스 콘텐츠 기업 페르소나스페이스가 공동 제작했다. '드리머'와 그들의 꿈과 희망을 담은 버추얼 아바타인 '아바'가 무대에 등장해 함께 노래를 부르는 형식으로 총 10회 방송됐다.

오승근은 〈아바드림〉 2회차인 이날 방송에서 2014년에 세상을 떠난 자신의 부인이자 국민배우로 불렸던 김자옥의 아바를 만났다. 오승근이 김자옥의 아바와 함께 「빗속을 둘이서」라는 노래를 듀엣으로 부르는 장면은 이날 방송의 하이라이트였다. 생사를 초월한 두 사람의 무대를 보고 출연진은 북받치는 감정을 주체하지 못해 눈물을 흘렸다. 방송 후 제작진과 가진 인터뷰에서 오승근은 "아내가 인사할 때 눈을 감았다. 음성이 너무 선명하고 똑같아서 깜짝 놀랐다. 다시 보니 반가웠다"라며 감사의 인사를 전했다.

방송 후 시청자들의 의견은 갈렸다. 감동적이었다는 평가도 많았지만 다른 한편에선 현실과 다소 거리가 있는 아바타의 그래픽과 증강현실 기술에 실망감을 드러내기도 했다. 기자들로부터는 "망자에게 허락받았느냐"는 공격적인 질문도 받았다. 이 질문에 오승근은 "단 한 번이라도 좋으니 아내를 만나고 싶어 내가 만들어달라고 부탁했다"고 답해 질문한 기자를 머쓱하게 했다.

오승근에게 김자옥의 아바타가 실제 모습과 얼마나 똑같은지는 그리 중요한 문제가 아니었다. '단 한 번'의 만남으로도 먼저 간 부인에 대한 그리움을 달래고 다시 부인과 만날 그날까지 살아갈 힘을 얻었던 것이다.

새로운 공간에 담길
휴먼 스토리

메타버스를 공간이나 기술의 관점에서 본다면 〈아바드림〉은 그리 성공적인 프로젝트가 아니었을지도 모른다. 지금 시점의 기술적인 한계도 분명하게 드러났다. 하지만 갤럭시가 추구하는 '인간의 행복'이라는 관점에서 메타버스가 우리에게 무엇을 줄 수 있는지 대중에게 인식시키는 데 조금이나마 기여했다고 자부한다. 김자옥의 모습과 음성을 가능한 한 실물과 비슷하게 구현하고자 흘렸던 땀방울이 결코 의미가 없지 않았다고 생각한다.

방송에서 드리머들은 메타버스를 통해 삶과 죽음의 경계를 넘어 그리운 가족과 친구를 만났다. 여기서 한 발 더 나아가 과거의 내가 아바타의 형태로 가상세계에서 살아가고 있다고 상상해보자. 또 하나의 자아가 커나가는 과정을 지켜보면서 현실의 나를 리셋하고 새로운 자아로 성장시키면서 미래의 내 모습을 설계할 수도 있다.

인간의 삶에 집중해 메타버스의 가치를 탐구하고, 그것이 만들어갈 새로운 세상을 상상하다 보면 메타버스의 본질이 시간과 죽음을 초월하는 '인간'에 있다는 사실에 도달하게 된다. 이 세상에 인류가 발을 들인 이래 그 누구도 죽음을 초월하지는 못했다. 갤럭시가 메타버스 사업 초기부터 부캐에 집중하고, 버추얼 아바타 IP$^{\text{Internet Protocol}}$ 사업에 심혈을 기울였던 이유가 바로 여기에 있다.

지금까지 메타버스 1.0의 다양한 공간이 우리 앞에 펼쳐지는 동안 갤럭시는 그 안에 담길 인간에 주목했다. 연예인을 비롯해 정치인, 대학총장, 운동선수 등의 아바타 상표권, 초상권, 인격권, 각종 저작권과 관련된 IP 200여 개를 확보했다. 그들의 버추얼 휴먼이나 버추얼 캐릭터를 제작해 방송과 공연 등에서 버추얼 휴먼 아바타 서비스를 하기 위해서다.

연예인이나 유명인이 군이 아바타를 가져야 할 이유는 무엇일까.

"한국을 비롯해 글로벌 팬들과 자주 만나고 소통하고 싶지만, 현실적인 어려움이 있었어요. 저와 닮은 아바타가 팬들을 만나고 홍보 활동을 해주면 운동에 더욱 신경 쓸 수 있어 좋겠다고 생각했어요."

2023년 6월 필리핀 복싱 영웅이자 상원의원으로 활동 중인 매니 파퀴아오$^{\text{Manny Pacquiao}}$가 갤럭시와 아바타 계약을 체결한 직후 밝힌 소감에 그 답이 들어 있다. 버추얼 휴먼 아바타 서비스가 본격화한다면 연예인이나 유명인은 자신의 아바타로 가상세계에서 팬들과 활발하게 소통하고, 부캐인 아바타로 활동하면서 새로운 수익을 올릴 수도 있다. 팬들은 자신이 열광하는 대상과 자주 만날 수 있어 좋다. 아바타 당사자는 물론이고 그들의 팬 모두를 행복하게 할 수 있다. 일례로 지난 2020년 열린 엠넷 아시안 뮤직 어워즈(MAMA)의 BTS 공연에서 당시 부상 중이었던 멤버 슈가가 홀로그램으로 등장해 다른 멤버와 한 무대에서 춤을 추는 무대를 선보여 모두를 놀라게 했다. 슈가의 불참을 아쉬워했던 전 세계 아미들은 환호했고, 당시 유튜브에서는 엄청난 영상 조회 수와 함께 댓글 폭탄이 터졌다.

물론 이것은 연예인이나 유명인에게만 국한된 이야기가 아니다. 일반인들도 자신의 버추얼 아바타를 만들어서 인플루언서로 활동한다면 훌륭한 지식재산권(IP)을 만들어낼 수 있다. 내 아바타가 현실의 나와 별개로 스스로 이 세상을 살아간다는 것을 상상하는 자체로도 흥분되지 않는가.

메타버스는 인류가 더 나은 미래를 향해 나아가는 새로운 삶의 물결이다. 갤럭시는 거기에서 새로운 기회를 찾기 위한 모험을 멈추지 않을 것이다. 그 모험은 인류를 더 나은 미래로 인도할 것이다.

04

갤럭시가 열어갈 메타버스 2.0

버추얼 아바타 한 개가 탄생한 순간

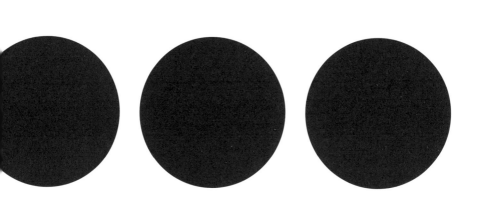

하 나 의 　　　　인 생 이 　　　시 작 한 다 　。

그 아바타에 인공지능이 결합하면 그는
가상의 공간에서 자유의지로 살아간다.
현실의 인간이 80년을 산다고 가정했을 때
세 개의 아바타를 보유하고 있다면
240년의 삶이 새롭게 창조되는 셈이다.

메타버스에서
행 복 을
찾 다

▶

밝게 빛나던 태양이 저물어가고, 노을과 환한 조명이 정원을 조금씩 따뜻한 황금빛으로 물들였다. C와 그의 아내는 아름다운 정원에서 하객들과 일일이 인사를 나누고 있다. 무대의 대형 화면에선 '2025년 5월 21일, 결혼 10주년 리마인드 웨딩 파티에 오신 것을 환영합니다'라는 문구와 함께 지난 10년간 C의 결혼생활 추억이 담긴 동영상이 흘러나오고 있다.

축하의 말을 나누는 하객들의 소리로 정원이 떠들썩해질 때쯤. 대형 화면에 낯익은 70대 노신사가 등장했다. 소란했던 분위기가 일순간 조용해졌다.

노신사는 하객석을 찬찬히 둘러보며 일일이 눈인사를 했다. 그때 C를 보더니 입가에 웃음을 지었다.

"자네, 결혼식 다시 한다고 살을 좀 뺐나 보군. 훨씬 보기 좋은데. 하하."

그는 C의 장인이었다. 모두의 눈길이 집중된 화면에서 장인은 따뜻한 눈빛으로 C를 바라보았다. 20년 전 50대의 젊은 나이로 사랑하는 아내와 딸을 남기고 세상을 떠난 장인의 얼굴에는 어느덧 주름이 자리 잡았고 머리도 반백이 되어 있었다. 가족은 물론이고 하객들에게도 오늘의 이벤트에 대해 미리 설명해두었지만, 장내 곳곳에서 작은 탄식이 터져 나왔다.

"긴장 좀 풀게나. 자네답지 않군."

장인의 말에 여기저기서 피식 웃음이 새어 나왔다. 그리고 한동안 하얀 드레스를 입은 딸을 지긋이 바라보던 장인이 떨리는 목소리로 다시 입을 열었다.

"내 딸, 오늘 참 예쁘구나."

아내의 몸이 살짝 떨리는 것을 느낀 C는 그녀의 손을 꽉 잡았다. 얼굴에서 웃음기를 지운 장인이 다시 C에게 시선을 던졌다.

"내 딸은 내 인생의 빛이었다네. 그 작은 천사가 아이의 엄마가 되었다니 믿기지 않는군. 부디 나의 천사와 함께 빛으로 가득한 삶을 일궈나가게. 내 딸을 잘 부탁하네."

지난 2년간 장인의 이 한마디를 듣기 위해 이벤트를 기획했던 C는 준비했던 대답을 하지 못한 채 흐르는 눈물을 연신 훔쳐냈다. 눈물을 보일 줄 알았던 C의 아내는 오히려 담담하게 아버지와 인사를 나누며 울음을 멈추지 못하는 C를 달래느라 애를 먹었다. 그 덕에 식장은 한동안 웃음바다가 되었다.

이후에 펼쳐진 파티는 C의 기억 속에 흐릿하게 남아 있다. "할아버지!"라고 부르는 아들의 목소리를 들은 것도 같고, 연신 우는 그에게 장인이 "왜 부끄러움은 내 몫인가?"라며 핀잔을 줬던 것도 같고, 아내에게 둘째를 낳으라고 종용하는 장인에게 그녀가 "꼭 딸을 낳고 싶으니 도와주세요"라고 대답했던 것도 같다.
이날의 모든 순간은 C와 그의 가족들에게 특별한 추억으로 새겨졌다.

⏸

이 이야기에 등장하는 울보 사위 C의 실제 모델은 갤럭시의 최고행복책임자(CHO) 최용호다. 내밀한 개인사를 드러내야 하지만 갤럭시가 추구하는 메타버스가 무엇인지를 가장 잘 보여주는 이야기인 만큼 용기를 냈다. 나를 아는 지인이나 회사 직원들, 평소 갤럭시의 행보를 눈여겨봤을 투자자나 대중이라면 이 이야기를 읽고 '역시 최용호답다'라고 생각했을 것이다. 누군가는 몇 해 전 TV조선에서 방영됐던 〈아바드림〉의 몇 장면을 떠올렸을지도 모른다.

그저 가상으로 지어낸 이야기는 아니다. 결혼 8주년이 조금 지났을 무렵인 2023년 여름, 두바이의 한 호텔에서 아내에게 약속한 내용이다. 돌아가신 장인을 10주년 리마인드 웨딩 파티에 꼭 참석시키겠다고 하자 아내는 놀란 눈으로 한동안 말없이 나를 바라보았다.

인간이라면 누구나 마음속에 비어 있는 공간 하나쯤은 있기 마련이다. 결핍이나 불안이 한 사람의 삶을 파괴하기도 하지만, 때로는 더 나은 삶을 추구하고 변화하려는 원동력이 되기도 한다.

오스트리아 출신의 정신의학자인 빅터 프랭클^{Viktor E.}
^{Frankl}은 "인간은 고통과 결핍을 극복하고 자신의 존재
목적을 찾기 위해 노력하는 존재이며, 이런 노력이 인
간을 보다 의미 있는 삶으로 이끌어줄 수 있다"라고 말
했다. 나치 강제수용소에서 겪은 자신의 참혹한 경험
을 토대로 정신 치료 기법인 로고 테라피^{logotherapy}(의미치
료)를 정립해 인간이 어떻게 고난을 극복하고 삶을 살
아가야 하는지에 대한 방향을 제시한 그의 말이기에
더 깊은 울림이 느껴진다.

인간 최용호의 마음에도 비어 있는 공간이 있다. 2015년
5월 21일 스물여섯의 어린 청년 창업가 최용호는 지금
의 아내와 결혼식을 올렸다. 결혼식 당일은 물론이고
이후에도 나와 아내 누구도 입 밖으로 꺼낸 적은 없지
만, 행복하면서도 얼떨떨한 그날의 기억 속에 비어 있
는 자리가 있었다. 아내가 어렸을 때 세상을 떠난 장인
어른의 자리였다. 문득 장모님이 외로워 보일 때나 지
인의 결혼식에 참석해 장인이 사위의 손에 딸을 넘겨주
며 안아주는 장면을 볼 때면 사진 속 장인어른의 모습
이 떠오르곤 했다.

기술 발전이 없었다면 위 이야기 속의 장면은 내 마음
속 판타지로만 남았겠지만, 우리에겐 알라딘의 요술램
프 지니와 같은 기술이 있다. 기술의 힘을 빌리면 돌아
가신 장인어른이 마치 살아 돌아온 듯 실시간으로 자
연스럽게 사람들과 대화할 수 있다. 현재의 기술로도

이 이야기의 일부 장면은 충분히 구현할 수 있다. 타계한 연예인을 아바타로 되살려 그를 그리워하는 이들과 대화할 수 있게 해주거나 함께 무대를 꾸미는 프로그램이 이미 몇 년 전부터 예능과 다큐멘터리의 형태로 여러 번 전파를 탔다.

물론 아직 기술의 한계로 가상의 아바타가 스스로 사람들과 자연스럽게 대화하는 단계에는 이르지 못했다. 그래픽 수준도 인물을 완벽하게 살아 있는 것처럼 구현하는 데는 미치지 못해 화면 속 아바타가 스스로 말하고 행동하는 것처럼 보이게 할 대역이 필요하다. 하지만 기술의 발전 속도가 워낙 빨라 2025년이면 장인어른의 아바타가 사람들과 실시간으로 대화할 가능성도 작지 않다. 남아 있는 장인어른의 사진과 동영상, 음성 데이터, 가족들이 기억하는 장인어른의 평소 행동과 버릇 같은 특징적인 데이터들을 모아 인공지능에 입력하면 70세가 된 장인어른의 모습과 음성은 물론 평소 말투와 습관까지 완벽하게 재연할 날이 멀지 않았다.

다양한 비즈니스 모델이 될
디지털 DNA 저장소

기술이 개발되고 상용화되어 누구나 버추얼 아바타를 저렴한 비용으로 손쉽게 가질 수 있다면 위 이야기처럼 망자를 소환하는 것이 하나의 이벤트가 아니라 일상이 될 수도 있다. 기일마다 추모기념관에 가서 작은 유골함을 쓰다듬으며 눈물을 흘리는 대신 식사 자리에 장인어른의 아바타를 모셔 올 수도 있고, 손자의 결혼식 같은 중요한 가족 행사에 함께할 수도 있다.

내가 죽은 뒤에도 나의 아바타가 살아가는 세상. 누군가에게는 무섭게 들리겠지만, 누군가에겐 희망이 될 수도 있다. 병으로 죽음을 앞둔 아버지가 앞으로 자라날 아들의 곁에 있어주고 싶은 심정은 누구라도 공감할 것이다. 영화에서나 나올 법한 이런 장면이 미래에는 결코 불가능한 현실이 아니다.

갤럭시가 메타버스 클라우드 서비스를 관심 있게 진행 중인 것은 사람들의 이런 욕망을 읽었기 때문이다. 갤럭시는 정자나 난자를 냉동 저장하는 것처럼 인간의 디지털 DNA를 저장해두었다가 원할 때 언제든 마음껏 꺼내 쓸 수 있는 '디지털 DNA 저장소'를 만들려고 한다. 이 저장소는 음성과 동영상, 저작물 등 디지털화할 수 있는 개인의 모든 데이터를 저장할 수 있는 공간이다. 이 공간을 통해 갤럭시는 얼굴, 표정, 목소리, 독특한 표정이나 습관, 몸짓 등 현실을 살아가는 사람들의 디지털 DNA를 보유한 클라우드 회사가 될 수 있다.

사람들의 디지털 DNA를 가상화하면 다양한 비즈니스 모델을 창출할 수 있다. 구글이나 네이버가 인터넷 공간에서 활동하는 사람들의 정보로 다양한 비즈니스 모

갤럭시가 열어갈

메타버스 2.0

델을 개발하는 것과 마찬가지다. 이런 데이터를 조합해 아바타를 생성하고 가상의 공간에서 현실의 사람과 만날 수 있게 된다. 이곳에서라면 돌아가신 아버지를 만나러 언제든 올 수 있다. 어렸을 적 아버지와의 추억을 떠올리고 싶다면 30대 아버지의 아바타를 불러내면 되고, 결혼 문제를 의논하기 위해 60대 아버지의 아바타를 불러내 양방향 대화를 나눌 수도 있다. 햅틱 기술이 지금보다 더 발전하면 실제로 옆에 있는 것처럼 체온을 느낄 수도 있다. 저장해둔 나의 디지털 DNA로 50대가 되어서도 20대의 몸과 30대의 목소리, 40대의 지적 능력을 가진 멋진 아바타를 만들어내 새로운 삶을 살게 할 수도 있다.

먼 미래의 이야기 같지만 비슷한 서비스가 이미 우리 옆에 바짝 다가와 있다. 이런 기술을 미국에서는 '애도 기술$^{Grief\ Tech}$'이라고 부른다. 언제 닥칠지 모를 죽음에 대비해 삶의 중요한 기억을 데이터 형태로 디지털 공간에 저장해두었다가 사후에 인공지능 등을 이용해 가상의 아바타를 만들어 현실의 사람들과 양방향 대화를 나눌 수 있게 해주는 서비스다. 대표적으로 미국 기업이 개발한 '스토리파일^{StoryFile}'을 들 수 있다. 홀로코스트 생존자와 2차 세계대전 참전병 등의 인생 이야기를 생전에 홀로그램으로 기록하고 인공지능(AI)에 기반한 대화형 서비스를 제공해온 스토리파일은 일반인에게도 이러한 기회를 제공하기 시작했다. 자신의 인생에 대한 다양한 질문과 답변 과정을 동영상으로 녹화해서 스토리파일에 저장해두면 사후에 가족이 PC나 스마트폰을 통해 문자나 음성으로 동영상 속의 고인과 대화할 수 있다. 스토리파일이 동영상을 통한 대면 대화에 초점을 맞췄다면, '히어애프터HereAfter AI'는 문자와 음성으로 고인과 대화할 수 있게 해주는 서비스다. 창립자 제임스 블라호스James Vlahos는 말기암으로 투병 중이던 아버지의 기억과 목소리를 담은 복제 인공지능 대드봇dadbot을 만든 경험을 토대로 이 서비스를 구상했다. 이 서비스는 당사자와 챗봇 간의 문답으로 시작된다. 당사자는 인생에서 의미 있던 기억을 문자와 음성으로 저장하고, 인공지능에 저장된 데이터로부터 말투나 농담까지 재현할 수 있는 가상의 음성 아바타를 만들어낸다. 가족은 PC, 스마트폰, 스마트 스피커 등을 통해 문자나 음성으로 고인(정확히는 음성 아바타)과 대화를 나눌 수 있다.

코로나19 팬데믹 시기에 죽음을 가까이에서 경험한 이후 이런 서비스에 대한 사람들의 요구가 커졌다. 특히 중동 지역에서 고인과 관련한 메타버스 사업에 큰 관심을 보이고 있다. 가족주의가 유독 강한 중동 지역에서는 코로나19 팬데믹으로 가족을 떠나보낸 사람들이 많아 관련 산업의 수요가 높다. 그래서 갤럭시가 기획하는 디지털 DNA 저장소는 '메타버스 패밀리 뮤지엄'이라는 이름으로 2024년 중동 지역에 가장 먼저 들어설 예정이다.

이 모든 것의 목표는
인간의 행복이다

메타버스 패밀리 뮤지엄과 별개로 결혼 10주년 기념일인 2025년 5월 21일의 이벤트를 위해 열심히 준비 중이다. 당연히 일반에도 이 행사를 공개할 예정이다. 메타버스가 무엇인지, 그것이 왜 인류에게 필요한지를 갤럭시의 시각에서 대중들에게 보여주고자 한다.

궁극적으로 이 행사는 인간 최용호 개인의 행복을 위한 것이다. 내가 왜 CEO^{Chief Executive Officer}가 아니라 CHO^{Chief Happy Officer}라는 직함을 가졌는지에 대한 답도 여기에 있다. 나에게 가장 중요한 가치는 '행복'이다. 이 것은 개인적인 경험에서 기인한 바가 크다. 스물셋의 어린 나이에 동갑내기 친구 8명과 첫 창업에 도전했다. 우리나라도 아닌 프랑스에서 K-컬처를 다루는 《K웨이브》라는 잡지를 발간해 세간의 주목을 받았다. 하지만 6년간의 모험에서 남은 것은 100억 원에 달하는 빚이었다. 모든 것을 잃었다고 생각했을 때 우연한 기회에 네이버의 실시간 검색어 알고리즘을 활용한 마케팅 서비스를 개발해 큰돈을 벌었다. 하지만 사업은 녹록지 않았다. 성공과 실패를 거듭하는 과정에서 돈과 사람, 건강까지 모든 것을 잃었다고 생각한 절망의 순간도 찾아왔다. 그 과정에서 인간 최용호는 인생에서 중요한 것이 무엇인지를 깨닫게 되었다. 나와 가족, 회사 구성원의 '행복'을 위해 일해야 한다는 것. 나와 구성원들이 도모하는 일이 인간을 행복하게 하고 세상을 이롭게 하는 것이어야 한다는 사실을 깨달았다.

때로 창업이 두려워 도망친 적도 있지만, 친구들과 다시 의기투합해 2019년 갤럭시코퍼레이션을 창업했다. 메타버스라면 나와 공동 창업자들이 추구하는 인간의 행복을 실현해줄 거라는 강한 신념에서다. 그래서 나와 갤럭시의 구성원들에게 메타버스는 '행복 머신'이다. 대다수 사람이 행복을 삶의 목적으로 삼지만, '행복'만큼 모호한 단어도 없다. 누군가에겐 재력이 행복의 척도일 수 있고, 다른 누군가에겐 가족의 사랑이 우선순위일 수 있다. 일의 성취를 통해 행복을 느끼는 사람이 있는가 하면, 안정감을 통해 비로소 삶의 만족감을 느끼는 사람도 있다. 사람마다 행복에 대한 정의가 다른 만큼 이 중 어느 하나를 행복이라 단정할 수도 없다. 따라서 갤럭시가 해야 할 일은 분명하다. 사람들의 다양한 욕망을 충족시켜 행복에 이를 수 있도록 메타버스 기술이나 콘텐츠 개발에 앞서 인간 '욕망의 지도'를 그리는 것이다.

그중 하나로 젊은 청년들에게 사랑을 되찾아주는 것이 있다. 요즘 20대 청년들은 '갓생'하느라 사랑할 시간이 없다고 한다. 사랑에 목숨을 거는 것은 오직 20대 청년만의 전유물이다. 그런데 이들이 사랑할 시간이 없어 간편한 '썸'만 탄다고 한다. 미래를 위해 많은 시간을 공부에 투자하고, 학비를 벌기 위해 없는 시간을 쪼개 아르바이트도 해야 한나. 그러다 보니 내가 아닌 타인에게 시간과 돈, 에너지를 쓸 여유가 없는 것이다.

그 결과 사람들은 점점 더 외로워지고 있다. 가상세계에서 다양한 계정으로 전 세계 사람들과 소통하는데도 마음속 구멍은 더 커져만 간다. 더구나 현실의 관계가 이런 외로움을 조금도 해결해주지 못한다. 그래서 영국에는 외로움 관련 정책을 담당하는 정부 부처가 따로 있을 정도다. 정확히는 2018년 1월 외로움을 국가적 차원에서 대응하자는 취지에서 디지털·문화·미디어·스포츠부(DCMS)에 외로움부의 역할을 맡겼고, DCMS 장관은 외로움 관련 정책을 담당하는 외로움부 장관을 겸직하고 있다. 영국의 외로움부 신설은 현대 사회에서 인간의 외로움 문제가 얼마나 심각한지를 보여주는 단적인 예라고 할 수 있다.

메타버스 기업이 해야 할 일 중 하나가 젊은 청년들에게 사랑을 되찾아주는 것이다. 그래야 이들이 결혼도 하고 아이도 낳을 게 아닌가. 메타버스는 그들의 일을 덜어주고 시간을 아껴주는 것이어야 한다. 이것을 통해 그들이 자신을 돌보고 성장하며 타인과 관계를 맺을 기회를 가질 수 있어야 한다. 그래야 그들이 외롭지 않고 행복해질 수 있기 때문이다.

갤럭시의 목표는 많은 메타버스 기업들처럼 실감 기술을 써서 이전에는 경험하지 못한 전혀 새로운 경험의 세계로 안내하는 것이다. 다만, 메타버스 솔루션이나 콘텐츠를 기획하고 제작할 때 가족과 친구 사이의 관계를 돈독하게 하거나, 자아의 성장을 돕거나, 성취감을 높일 수 있는 도구를 만드는 데 집중한다. 단순히 인간의 편리를 위한 솔루션이 아니라 근본적으로 인간에게 행복을 가져다주는 갤럭시만의 방법을 찾기 위해 고민한다. 나를 비롯한 갤럭시 구성원들에게 행복은 모호한 추상명사가 아니다. 아주 현실적이고 실체적인 '무엇'이다.

과거, 현재, 미래가
공 존 하 는
세   상

장면 1
메타버스 아인슈타인 연구실
등장인물
알베르트 아인슈타인
에르빈 슈뢰딩거
막스 플랑크
학생 1, 학생 2

현대적으로 장식된 실험 장비와 컴퓨터, 천체관측기가 놓여 있고,
칠판에는 양자역학의 기본 개념들이 어지럽게 적혀 있다.

아인슈타인 정말이지 이 가상세계는 환상적이군요. 조금 전에
달에 잠깐 다녀왔어요. 그런데 또 이런 곳에서 양
자역학을 주제로 토론을 벌이다니, 정말 미래는 역
동적인 시대인가 봅니다.

슈뢰딩거 (웃음) 맞아요, 아인슈타인. 21세기 학생들과 함께
이야기를 나누다니 흥미진진하군요.

플랑크   양자역학은 계속해서 진화하고 있으니 현재의 이론과 비교해보는 것도 흥미로울 것 같네요.

학생 1   세 분은 양자역학의 특이한 현상들을 어떻게 이해하셨는지 정말 궁금해요.

아인슈타인   양자역학은 현상들을 확률적으로 접근하는 이론이에요. 입자의 상태를 파동함수로 표현해 예측하죠.

슈뢰딩거   맞아요. 예를 들어 양자역학에서는 측정 전까지 입자의 위치나 상태를 확정 짓지 않고, 그 가능성만 계산해요.

플랑크   하나 덧붙이자면 양자역학은 빛이나 입자의 에너지가 양자로 나누어지며, 이 양자들이 상호작용하는 것으로 설명할 수 있죠.

학생 2   사이가 좋아 보이시는데요, 하지만 원래는 아니잖아요.

아인슈타인   앗, 눈치챘군요. (슈뢰딩거를 바라보며) 슈뢰딩거, 당신은 아직도 그 엽기적인 고양이 상자 실험을 믿는 건가요?

슈뢰딩거   아인슈타인, 그 실험은 양자역학의 기초를 이해하는 데 큰 도움이 되었어요. 물론 이론적인 관점에서도 설명할 수 있지만 …….

학생 1   정말로 흥미로운 실험이에요. 하지만 아인슈타인 당신은 이론적으로는 동의하지 않으셨죠.

아인슈타인   맞아요. 나는 양자역학이 좀 더 근본적인 수준에서 해결되어야 한다고 생각했어요. (콧수염을 만지작거리며) 고양이에게 방사능을 노출시킨다는 발상 자체가 엽기적이에요. 하지만 지금부터 다시 한번 고양이 상자에 대해 생각해보도록 하죠.

학생 2	아인슈타인, 당신의 힘이 필요해요. 21세기의 양자역학 연구자들은 양자 중력을 포함한 많은 미해결 문제를 연구하고 있어요. 양자 중력은 양자역학과 일반 상대성 이론을 통합하려는 시도인데요. 두 분과 아주 관련이 깊죠.
아인슈타인	양자 중력에 대한 이런 새로운 시도들은 정말 흥미롭군요.
슈뢰딩거	미래의 과학자들이 두 이론을 통합하는 방법을 찾을 수 있을지도 모르죠.
플랭크	두 이론을 통합한다면 우리가 더 깊이 이해할 수 있는 새로운 세계를 열어볼 수 있게 될 테니까요. 학생들에게 거는 기대가 커요. 하하.

듣기만 해도 골치가 지끈지끈한 양자역학을 주제로 꾸며본 엉성한 이야기이지만, 머지않아 수업이 이런 식으로 진행된다면 재미없던 물리 시간이 좀 더 흥미로워지지 않을까. 물론 학교 교과 과정을 이렇게 바꿔보자고 20세기에 활동한 과학자들을 21세기로 불러낸 건 아니다(우리 아이들이 이런 환경에서 교육받을 수 있다면 더 바랄 나위가 없겠지만). 가상의 물리 수업 시간은 메타버스 1.0과 2.0을 가르는 결정적 차이를 보여준다. 그것은 바로 '과거'에 가치를 부여하느냐의 여부다. 늘 앞만 보며 달려가기 바쁜 현대인들 입장에서 무슨 과거 타령인가 싶을 수도 있다. 더구나 인간의 모든 상상력이 동원된 미래 기술 메타버스를 이야기하는데 갑자기 과거라니 의아할 수 있다.

공간에서 시간으로
핵심이 바뀐다

지금까지의 메타버스 1.0 서비스는 현재의 나와 현재의 상대방이 새로운 관계를 맺는 것에 초점이 맞춰져 있었다. 코로나19 팬데믹 상황에서 메타버스라는 새로운 도구를 현실의 문제를 해결하는 데 쓰기에도 벅찼던 탓이 크다. 메타버스라는 단어 안에 담긴 '초월'이라는 의미에서 보자면 지금까지의 메타버스는 '공간' 초월이 핵심이었다. 학교에 갈 수 없게 된 아이들을 위해 가상공간에 교실을 만들어주고, 여행에 목말라하는 사람들을 위해 실감 콘텐츠를 활용해 가상의 여행지로 데려다주고, 시간과 비용 때문에 콘서트에 참석하기 어려운 팬들을 위해 가상에서 콘서트를 여는 등 오프라인에서 하지 못한 것을 가상의 온라인 공간에서 불편함 없이 하게 해주는 식이었다.

반면 메타버스 2.0은 '시간' 초월이 핵심이다. 이를 간단히 식으로 표현하면 다음과 같다.

$$\underset{\text{(과거+현재+미래)}}{\text{시간}} \times \underset{\text{(현실+가상)}}{\text{공간}} \times \underset{\text{(아바타)}}{\text{인간}} = \text{메타버스}$$

메타버스 2.0에서는 지금은 고인이 된 과거의 위인이나 예술가, 드라마 속 주인공, 먼저 떠나간 가족 등을 버추얼 아바타나 버추얼 캐릭터, 홀로그램 등의 형태로 불

러내 현재의 내가 과거의 그들과 관계를 맺을 수 있게 된다.

생전의 아인슈타인이 지녔던 지식과 행동 방식, 언어 습관 등을 그대로 부여받은 그의 아바타가 인공지능과 결합하여 자율적으로 21세기를 살아간다면 어떤 일이 벌어질까. 앞서 소개한 이야기에서처럼 물리학 수업에서 자신의 이론을 토대로 21세기 물리학도들과 상대성 이론이나 양자역학을 주제로 토론할 수 있고, 실제 모습보다 더 귀여운 캐릭터로 구현한 아인슈타인의 아바타가 가상의 실험실에서 아이들과 과학 이야기를 재미있게 나누는 장면도 상상해볼 수 있다.

초현실주의 화가인 살바도르 달리가 자신의 전시회를 찾아준 관람객들을 위해 홀로그램 형태의 도슨트가 되어 직접 설명해줄 수도 있다. 도서관에 앉아서 아인슈타인에 관한 책을 읽고 달리의 그림에 대한 해설서를 읽는 것과 아인슈타인과 달리의 아바타와 직접 눈을 맞추며 상호작용하는 것은 차원이 다른 이야기다.

꼭 유명인만 아바타를 가지란 법은 없다. 나의 어릴 적 모습을 한 아바타가 이 세상 어딘가에서 자율적으로 살아간다고 상상해보자. 과거의 나와 현재의 내가 둘도 없는 친구가 될 수도 있다. 남들에겐 털어놓을 수 없는 고민을 과거의 나에게 이야기할 수도 있고, 과거의 나에게 그 시절에 포기했던 삶을 다시 살아보게 할 수도 있다. 스무 살 최용호의 아바타에게 대학을 중퇴하지 않고 끝까지 모든 과정을 마치고 졸업하는 삶을 살게 해보고, 그 시뮬레이션 결과를 15년 후의 최용호 아바타로 확인할 수 있다면 어떨까. 과거의 내가 새로운 삶을 산다면 서른다섯 최용호의 삶 또한 당연히 달라지지 않을까. 영화 속 시간 여행이 얼마든지 현실에서도 이루어지는 것이다.

왜 과거를 소환해야 하는가에 대한 답은 아주 명쾌하다. 과거의 나를 통해 현재의 내가 바뀌면 미래의 내가 바뀌기 때문이다. 상대성 이론을 통해 시간은 절대적이지 않고 관찰자의 상대적인 운동 상태에 따라 달라진다는 사실을 밝혀낸 아인슈타인 또한 과거의 가치를 중요하게 여겼다. 그는 1932년 11월 17일, 과학 잡지《네이처》에 기고한 「과거, 현재, 미래에 대한 나의 생각」이라는 글을 통해 이렇게 밝혔다.

"과거, 현재, 미래의 구별은 단지 고질적인 환상일 뿐이다. 과거, 현재, 미래는 모두 하나의 시공간에 존재한다. 과거는 우리 지식의 근간이며, 현재는 그 결과물이며, 미래는 예언이다."

이 말은 현대 물리학에서 시간의 본질에 대한 논쟁에 큰 영향을 미쳤다. 심리학과 정신의학 분야에서도 과거는 중요하게 다뤄진다. 이 분야에선 '내면아이inner child'라는 개념을 심리 치료에 널리 활용하고 있다. 내면아이는 어린 시절의 나를 상징하는 것으로, 부모나 다른 양육자로부터 받은 사랑과 관심, 그리고 상처를 모두 가지고 있는 존재로 성인의 마음속에 자리하고 있다. 어린 시절에 받은 상처가 제대로 치유되지 않으면 성인이 된 후에도 그 상처가 무의식적으로 작용해 다양한 문제를 일으킨다. 어린 시절의 나를 만나고, 그때의 감정과 생각을 이해하고 받아들이는 과정을 거치면 자연스럽게 상처가 치유되고, 성인이 된 현재의 삶을 더 건강하게 살아갈 수 있다는 것이 이 이론의 핵심이다. 물론 어린 시절의 상처를 치유하는 것은 쉽지 않지만, 이러한 과정을 통해 인간은 더 나은 나로 성장할 수 있다. 성인이 자신의 내면아이를 머리와 가슴속에서 끄집어내어 만나는 것은 쉬운 일이 아니다. 전문가의 도움이 필요하다. 그런데 3D 인공지능 버추얼 아바타의 형태로 내가 존재한다면 전문가의 도움 없이도 원할 때면 언제든 과거의 나는 물론이고 미래의 나를 불러낼 수 있다. 현실의 대체 공간일 뿐이던 메타버스의 새로운 패러다임이 열리는 것이다. 과거, 현재, 미래의 내가 동시에 살아가는 새로운 세상이 펼쳐진다.

시   간

여 행 자 들 의

세   상

▶

아바타 3명이 모인 삼자대면의 자리에는 사뭇 긴장감이 감
돌았다. 크로니-2049가 소집한 오늘 회동의 주제는 '다이어
트'. 크로니의 과거, 현재, 미래의 아바타인 크로니-2029, 크
로니-2039, 크로니-2049는 비슷한 듯 다른 모습이다.

2049의 모습에 놀란 2029가 먼저 입을 열었다.

"2039, 대체 지금 어떻게 살고 있는 거야? 10년 새에 몸
무게가 어떻게 23kg나 늘어날 수 있는 거지. 저대로 그
냥 놔둘 셈이야?"

2049가 2039에게 자신의 축 늘어진 뱃살을 만져보라는 시
늉을 하며 허공에 자신의 종합 신체 데이터를 띄웠다.

"이거 보라고. 모든 수치가 정상 범위를 넘어섰어. 특히
심혈관 나이는 원래 나이인 42세보다 열두 살이나 많
은 54세가 나왔다고. 이 추세라면 5년 후엔 만성질환
을 두세 가지 달고 살아가야 할지도 몰라."

예상보다 더 심각한 10년 후의 데이터에 2039는 풀이 줄었다.

"가상세계에서 많은 시간을 보내다 보니 잘 움직이질 않아. 다이어트에도 계속 실패하고 말이야. 너희들도 잘 알잖아."

2039의 대답에 2049가 다시 언성을 높였다.

"아직 정신을 못 차렸구나. 건강도 문제지만, 자존감이 떨어진 게 더 큰 문제야. 체중이 80kg을 넘어서고 나선 외출도 잘 안 해. 아무리 가상에서 많은 시간을 보낼 수 있다고 해도 현실과의 관계도 중요하다는 걸 잘 알텐데."

2049의 말이 끝나기를 기다렸다는 듯이 2029가 2039의 목 뒤에 달린 스위치를 찾으며 이렇게 말했다.

"크로니-2059를 한번 불러볼까? 다들 어떤 상태로 크로니가 50대를 살아가고 있는지 궁금하겠지? 죽었는지 살았는지 잘 모르겠지만."

당황한 2039가 손사래를 치며 결심한 듯 입을 열었다.

"알았어. 알았다고! 오늘부터 바로 운동 시작할게."

⏸

흡연의 위험성을 경고하기 위해 담뱃갑에 그려진 폐암 환자의 폐 사진만큼이나 우스꽝스러운 이야기이지만, 메타버스 세계에서 과거, 현재, 미래의 내가 만나는 삼자대면 장면은 2D의 평면에 그려진 폐 사진보다는 훨씬 실감 나게 다가온다. 현재의 식습관과 생활습관 등의 라이프 로깅 데이터를 토대로 생활하게 한 미래 아바타의 시뮬레이션 결과가 심각하게 뚱뚱하다면, 그래서 건강에 적신호가 켜지고 자존감이 떨어진 상태라면, 누구라도 당장 다이어트를 시작할 마음이 생기지 않겠는가.

조금 더 상상력을 발휘한다면, 나의 아바타를 여러 개 만들어 다양한 방식의 다이어트를 미리 시도해본 후 그 결과를 통해 자신에게 맞는 최적의 방법을 찾는다면 다이어트에 필요한 시간과 비용, 에너지를 크게 줄일 수 있을 것이다. 메타버스 2.0이 공간의 창조가 아니라 시간의 창조인 것은 이런 이유에서다.

버추얼 아바타 한 개가 탄생한 순간 하나의 인생이 시작한다. 버추얼 아바타에 인공지능이 결합하면 아바타는 각자 가상의 공간에서 자유의지로 살아간다. 현실의 인간이 80년을 산다고 가정했을 때, 세 개의 아바타를 보유하고 있다면 240년이란 시간이 새롭게 창조되는 셈이다. 제페토나 로블록스에서 활동하는 나의 아바타는 현재 시점의 내 계정이지만, 메타버스 2.0에서는 과거, 현재, 미래 중 원하는 시점의 '나'에 언제든 로그인할 수 있다.

메타버스 2.0에서는 지금의 라이프 로깅과는 기록 방식 자체가 달라진다. 라이프 로깅은 말 그대로 개인의 일상과 행동 패턴을 데이터로 저장하고 활용하는 것을 말한다. 아날로그 시대에는 일일이 일기나 종이 차트의 형태로 기록해서 남겼지만, 디지털 세계에서는 스마트폰과 스마트워치에 기록되는 나의 위치 정보와 활동 내역, 생체 정보를 비롯해 SNS에 올린 글과 사진, 이런 콘텐츠에 실린 개인의 감정까지 일거수일투족이 원하든 원하지 않든 디지털 데이터 형태로 남는다.

지금까지는 내 삶의 총체적인 고유 데이터를 인포그래픽 형태로 보여주었다면, 메타버스 2.0에서는 자유의지를 갖고 살아가는 아바타 그 자체가 라이프 로깅이다. 나의 모든 기록과 활동, 생각과 감정은 아바타라는 또 다른 인생에 그대로 투영된다. 페이스북, 트위터, 제페토에서 내 계정이 디지털화된 자아라면, 가상세계에서 나의 자아는 아바타라는 구체적인 모습으로 형상화된다.

'과거'와 '시간'이라는 키워드를 놓고 메타버스 2.0을 상상하다 보면 무한한 세계가 펼쳐진다. 과거의 아바타에게 새로운 삶을 부여할 수 있다면, 지나온 인생에서 아쉬웠던 것, 포기했던 것, 후회되는 결정을 되돌이켜 살아보게 할 수 있다. 과거에 헤어진 연인과 결혼해서 살아보게 하거나, 부모의 반대로 포기했던 밴드 활동을 해보게 하거나, 취업 대신 창업을 선택해서 살아보게 할 수 있다. 물론 그 반대도 가능하다. 원하면 언제든지 2013년의 나로 로그인했다가, 다시 2033년으로 점프해서 그 결과를 확인해볼 수 있다.

자아를 성장시키는
인생 N차 경험

이런 인생 시뮬레이션을 통해 우리는 무엇을 얻을 수 있을까? 점쟁이에게 미래의 운을 물어보는 것과 메타버스 2.0은 무엇이 다를까? 라이프 로깅 데이터와 인공지능의 도움으로 자율적으로 살아가는 아바타는 나의 본질과 아주 흡사한 모습으로 가상세계를 살아간다. 현실의 내가 가진 기억이나 경험은 사라지거나 왜곡될 수 있지만, 라이프 로깅을 통해 온전한 데이터로 저장된 삶의 기록들은 나의 아바타에게 그대로 반영된다. 적어도 미래를 100% 정확하게 예측할 순 없더라도 아바타에게 대리 경험하도록 한 인생 시뮬레이션 결과는 내가 어떤 사람인지를 객관적으로 바라보고, 과거에는 미처 생각하지 못했던 일상을 반성하게 해준다. 앞서 가상의 이야기 속 주인공인 크로니처럼 분화된 나의 또 다른 자아인 아바타는 일상의 문제점을 깨닫고 미뤄두었던 과제인 다이어트를 시도할 수 있게 독려하는 존재가 된다. 또한 자신이 원하는 삶을 살아가게 해봄으로써 현재의 내 결핍을 깨닫고 포기했던 꿈을 향해 다시 용기 낼 수 있게 도울 수도 있다. 헤어진 연인과 결혼해서 살아가는 내 모습을 통해 앞으로 만나게 될 연인과 어떤 관계를 맺어야 할지 힌트를 얻을 수도 있다. 내가 무엇을 좋아하고 싫어하는지, 나를 몰입하게 하는 일은 무엇인지, 어떻게 사는 삶이 가치 있는지를 자각할 수 있도록 도울 수도 있다.

메타버스가 신의 영역에 도전해 인간에게 주어진 24시간의 한계를 깬다고 한다면, 그것은 적어도 창조된 시간을 통해 현실을 더욱 가치 있게 만드는 것이어야 한다. 메타버스 2.0은 현실과 단절된 가상세계가 아니라 가상과 현실을 연계하고 공존하며 상호작용하여 현실의 나를 성장시키는 것이어야 한다.

최근 젊은 세대들이 쓰는 신조어로 '인생 2회차'라는 단어가 있다. 마치 전생의 경험을 바탕으로 현재의 삶을 살아가는 것처럼 무언가에 통달하거나 똑같은 문제에 부딪혀도 남들보다 쉽게 현명한 해결책을 찾아내는 사람을 일컫는 말이다. 다섯 개의 아바타로 창조된 400시간은 현실의 내 안에 '경험'으로 쌓인다. 경험은 인간을 성숙하게 한다. 아바타에게 다양한 사람과 관계를 맺게 한다면 타인을 이해하는 능력이 깊어질 것이고, 동서고금의 수많은 책을 읽힌다면 지적인 능력이 높아진다. 어떤 방향으로든 삶을 바라보는 통찰의 깊이가 깊어질 수밖에 없다. 버추얼 아바타 한 개가 탄생한 순간 하나의 인생이 시작하고, 이는 새로운 우주가 열리는 것이다. 이것이 메타버스 2.0이 만들어갈 시간의 혁신이다.

메타
페르소나의
등장

▶

콜로세움 경기장으로 향하는 문 앞에서 자히르는 긴장을 풀기 위해 가볍게 몸을 움직이며 문이 열리길 기다리고 있다. 저 멀리 건너편에는 필리핀의 복싱 전설 파퀴아오가 그를 노려보고 있다. 멀리서도 눈부시게 빛나는 황금색 복장, 탄탄한 근육질, 자신감 넘치는 눈빛이 그대로 느껴진다.

마침내 문이 열리고 부드러운 모래가 깔린 경기장으로 발을 들여놓자 수만 명의 관중이 내지르는 환호성이 자히르의 온몸을 휘감았다.

"우리의 레전드 매니 파퀴아오와 도전자 자히르 이스모일로프가 만나는 역사적 순간입니다!"

장내 아나운서의 목소리가 경기장을 가득 채웠다. 링 중앙로를 걸어가며 파퀴아오가 손을 흔들자 관중들은 더 열광했다. 경기장 정면에서 만난 두 사람은 말없이 서로를 노려보았다.

벨이 올리기 직전까지 자히르는 이 경기에 모든 것을 걸었던 지난 1년을 되새겼다. 파퀴아오의 강점과 약점을 세밀하게 분석했고, 강인한 체력과 견고한 턱을 가진 그를 무너뜨릴 전략을 연구했다. 긴 팔을 이용한 그의 공격을 막아내고 적절한 거리에서 역습하기 위해 입에서 단내가 나도록 연습했다. 이제 남은 일은 오늘의 경기에 이 모두를 쏟아붓는 것이다.

마침내 벨이 울리고 경기가 시작되었다. 한동안 두 선수의 탐색전이 이어졌다. 자히르는 자신의 특기인 민첩한 발과 빠른 훅으로 기선제압을 하려고 했지만, 역시나 파퀴아오는 그의 화려한 워킹으로 자히르의 공격을 막아냈다. 시간이 지날수록 경기장의 열기는 뜨겁게 달아올랐고 두 선수의 공격은 불을 뿜기 시작했다. 두세 차례 유효 펀치를 주고받은 가운데 두 선수의 얼굴에 지친 기색이 엿보였다. 파퀴아오에게 더블스트레이트를 맞고 잠시 휘청거린 자히르는 전세를 뒤집기 위해 저돌적으로 파퀴아오를 파고들었다. 하지만 파퀴아오의 눈빛은 전혀 흔들림이 없었다. 기회를 노리던 자히르가 파퀴아오의 턱을 가격하기 위해 펀치를 날리려던 순간 파퀴아오가 그 빈틈을 노리고 자히르의 안면을 강타했다. 자히르는 땅바닥에 무릎을 꿇었고, 심판은 카운트를 시작했다.

"10!"

심판의 카운트를 끝으로 경기는 끝이 났다. 정신을 차린 자히르는 파퀴아오에게 패배를 인정하며 그의 승리를 축하했다. 둘은 포옹을 나누며 오늘 치른 멋진 승부의 여운을 즐겼다.

레이라는 2시간 만에 헤드셋을 벗었다. 그녀의 백발은 땀으로 흠뻑 적어 있었다. 레이라는 파퀴아오가 그의 팔을 들어

올리던 감촉을 잠시 음미했다. 80을 넘긴 나이에도 여전히 소녀 같은 미소를 품은 그녀의 얼굴에서는 '전설의 결투: 황금 권투 챔피언십'에서 우승을 놓친 아쉬움이 그대로 묻어났다.

어렸을 때부터 복싱 경기에 유난히 관심이 많았던 그녀는 70이 넘은 나이에 복싱에 처음 도전해 드디어 가상현실에서나마 자신의 영웅인 파퀴아오와 대결을 벌였다. 헤드셋을 끼고 가상으로 싸우는 경기였지만 상대를 이기기 위해선 기초 체력을 키우고 복싱의 기술과 전략을 익히지 않으면 안 된다. 꾸준히 운동을 해온 덕분에 레이라는 나이보다 훨씬 건강한 몸을 얻게 되었다.

예선과 본선을 거쳐 파퀴아오 최고의 전성기인 2012년의 아바타와 경기를 벌이는 대망의 결승에 오른 선수는 전 세계 참가자 중 그녀가 유일했다. 우즈베키스탄 국기를 가슴에 문신으로 새긴 채 경기에 임했던 그녀는 자신의 복싱 아바타에게 우즈베크어로 '빛나는'이란 뜻을 가진 자히르Zahir라는 이름을 붙여주었다. 이번 대회에서는 아쉽게 패했지만, 내년에는 꼭 빛나는 승리를 거머쥐리라 다짐했다.

⏸

이 이야기는 갤럭시가 제작한 넷플릭스 시리즈 〈피지컬: 100〉에서 영감을 얻었다. 이 프로그램은 2023년 1월 24일 공개된 이후 넷플릭스 비영어권 TV 부문 1위를 차지하는 등 큰 인기를 끌었으며, 한국 예능 프로그램 최초로 넷플릭스 TV 프로그램 부문 세계 1위를 차지하기도 했다. SNS에서도 큰 화제를 모았는데, 한동안 참가자들의 도전과 성장을 응원하는 글과 영상으로 SNS가 도배되기도 했다. 올림픽 메달리스트, 프로 운동선수, 보디빌더, 전직 군인 등 다양한 분야의 실력자들이 출연했는데, 단순히 신체 능력만을 겨루는 것이 아니라 다양한 도전 과제를 통해 참가자들의 정신력, 인내력, 도전 정신 등을 평가했다. 그리고 그 과정에서 참가자들이 성장하는 모습이 시청자들로부터 공감을 얻어냈다는 평가를 받았다. 현재 시즌 2 제작이 완료된 가운데 참가자의 국적을 더욱 확대한 글로벌 버전인 시즌 3, 4도 계속 선보일 예정이다.

이와 동시에 2027년을 목표로 '피지컬 올림픽' 같은 대회 개최를 준비 중이다. 모두 알고 있듯이 올림픽은 기원전 776년에 그리스에서 시작되었다. 제우스 신에게 바치는 제전으로 치러진 이 행사를 통해 고대 그리스인들은 신과 인간의 화합을 기원했다. 현대에도 4년마다 올림픽이 열리고 있지만, 승패를 가리는 스포츠 대회로서의 성격이 짙어졌다. 그래서 우리는 올림픽의 근본 정신으로 다시 돌아가고자 기획하게 되었다. 오로지 강한 신체와 정신력으로 승부하는 종목들로 겨뤄 현대판 막시무스가 누구인지를 가려낼 것이다. 경기장에서는 국력이나 장비, 성별, 나이, 장애 그 어떤 차별도 존재하지 않는다. 이를 위해 중동의 사막 한가운데 3,000년 전 올림픽이 시작되었던 콜로세움을 재현한 테마파크를 세울 계획이다. 경기에 참여하지 못하는 사람들을 위한 가상의 메타버스 경기장도 마련된다. 레이라와 같은 노약자나 장애인, 어린아이들도 VR 헤드셋을 끼면 집에서도 박진감 넘치는 경기를 즐길 수 있다. 레이라의 이야기에서처럼 필리핀의 복싱 영웅인 파퀴아오와 복싱 경기를 벌일 수도 있고, 〈피지컬: 100〉의 최종 우승자인 우진용과 겨뤄볼 수도 있다.

현실적 제약을 뛰어넘어
삶을 리셋하다

30대의 탄탄한 근육을 가진 남성 복서 아바타를 가진 레이라처럼 나에게도 갖고 싶은 아바타가 있다. 하나는 흑인 여성의 모습을 한 아바타다. 햇빛 아래서 유독 반짝이는 윤기 있는 피부에 짙은 갈색의 눈동자, 움직이기만 해도 자신감과 우아함이 드러나는 큰 키를 가진 아바타다. 이 아바타를 갖게 된다면 다양한 헤어스타일과 패션을 시도해보고 싶다. 곱슬머리의 자연스러운 컬을 그대로 살린 아프로 헤어스타일도 좋겠지만, 기분 전환이 필요할 때면 예쁜 두상을 자랑하기 위해 힙합 뮤지션처럼 레게 헤어스타일로 변신해도 좋을 것 같다. 레드와 그린, 옐로의 화려한 원색이 얼마나 잘 어울릴까. 아바타에게 입힐 옷을 상상하는 것만으로도 몸속 어딘가에서 아드레날린이 솟구치는 것 같다.

우리 모두의 마음속에는 태어날 때 기본값으로 세팅된 인종, 성별, 나이를 넘어서고 싶은 욕망이 있다. 또한 놓친 것, 포기한 것에 대한 아쉬움을 품은 채 살아간다. 그래서 인간은 가면을 쓰고 살아가기도 한다. 개인의 다양한 정체성을 뜻하는 '멀티 페르소나'는 이미 현대 사회에서 하나의 트렌드로 자리 잡았다. 온라인이라는 디지털 세계가 열리면서 SNS 채널의 용도와 특성에 맞춰 자신의 페르소나를 다채롭게 표현함으로써 삶이 더욱 풍요로워졌다.

몇 년 전부터 대한민국 연예계를 강타한 '부캐 열풍'의 근저에도 멀티 페르소나를 향한 인간의 욕망이 숨겨져 있다. 갤럭시가 처음 메타버스 사업을 시작할 때로 거슬러 올라가면 거기에 부캐의 조상 격인 '마미손'이 있다. 갤럭시가 설립된 바로 그해인 2019년, 한국의 유명 힙합 서바이벌 프로그램에 유명 래퍼 매드클라운이 핑크색 복면을 쓴 '마미손'으로 등장했을 때 나는 뒤통수를 얻어맞은 것 같은 강한 충격을 받았다. 인간의 가장 내밀한 욕망을 시각화했기 때문이다. 이때부터 나와 갤럭시의 구성원들은 인간 욕망의 지도를 그리기 시작했고, 그 지도를 탐험하기 위해 메타버스가 절대적으로 필요하다는 것을 깨달았다.

앞서 이야기한 여성 아바타에는 동북아시아의 작은 나라 대한민국에서 34년간 남자로 살아온 인간 최용호 개인의 욕망이 고스란히 담겨 있다. 메타버스라면 누구도 될 수 있고, 무엇도 할 수 있으며, 어디든 갈 수 있다. 타고난 조건과 현실적인 제약을 넘어 다른 삶을 살아보고, 시간을 되돌려 내 삶을 리셋할 수 있다.

꼭 인간으로만 살라는 법도 없다. 그래서 나는 흑인 여성 아바타와 함께 흰코뿔소 아바타 캐릭터를 만들고 있다. 코끼리 다음으로 덩치가 큰 흰코뿔소는 주로 아프리카 대륙 남쪽 지역에 서식하는 포유류 동물이다. 그 이름처럼 머리에 달린 뿔의 끝이 흰색이다. 그런데 가장 강력한 초식동물인 흰코뿔소는 불법 밀렵으로 멸종 위기에 처해 있다. 보호 프로그램을 통해 흰코뿔소를 보존하기 위해 안간힘을 쓰지만 아직 그 수가 늘어나지 않아 안타까움을 더하고 있다. 그나마 아프리카 남부에 서식하는 남부흰코뿔소는 아직 1만 9,000마리 정도 남아 있지만, 중앙아프리카에 서식하는 북부흰코뿔소는 2018년 3월 19일 마지막 수컷 개체가 죽으면서 현재 전 세계에 암컷 두 마리만 남아 자연 번식이 불가능해졌다. 현재 남은 두 마리를 이용해서 인공수정 등의 방법으로 북부흰코뿔소를 복원하기 위해 노력하고 있다.

흰코뿔소 아바타를 선택한 데는 여러 이유가 있다. 우선은 최용호와 갤럭시가 이 지구상에서 희귀한 존재라는 메시지를 담고 있다. 누구도 생각하지 못한 것을 생각하고, 그것을 실현할 가능성이 1%라 하더라도 도전해서 이뤄내고자 하는 갤럭시의 정체성이 그대로 담겨 있다. 또 다른 현실적인 이유는 아이들에게 좀 더 친근하게 다가가기 위해서다. 현재 갤럭시의 메타버스 세계관을 담은 『흰코뿔소의 꿈』이라는 동화책과 「흰코뿔소의 노래」라는 곡을 만들고 있다. 아이들이 보기에 인간 최용호는 그냥 좀 특이하게 생긴 아저씨에 불과하지만, 흰코뿔소 캐릭터라면 더 친근하게 느낄 테니까.

개인적으로는 이 아바타로 아들 최우주에게 동화책을 읽어주고 싶다. 현실의 최용호는 해외 출장으로 자주 집을 비워 아들에게 매일 밤 동화책을 읽어줄 수가 없다. 그런데 내 흰코뿔소 아바타가 있다면 내 목소리로 아들이 잠들 때까지 동화책을 읽어줄 수 있다. 디지털 DNA 저장소를 활용해 어린 시절 최용호의 목소리나 할아버지가 된 최용호의 목소리도 만들어낼 수가 있다. 내가 지구별을 떠난 후에도 손자에게 내 목소리로 동화책을 읽어줄 수 있다.

메타버스는 이런 것이어야 한다. 현실의 제약과 시간을 초월해 우리 안에 숨어 있는 무한한 가능성을 실현하는 것, 인간이 오랜 세월 꿈꿔왔던 메타 페르소나의 삶을 실현해주는 것이어야 한다. 현실과 온라인을 오가며 멀티 페르소나의 삶을 살던 인간은 가상의 공간이 더해진 메타버스 세상에서 비로소 초월적 자아로서 '메타 페르소나meta-persona'의 삶을 살게 될 것이다.

역사 속의 역사,

메 타 버 스

패밀리 뮤지엄

▶

S는 아주 오랜만에 '메타버스 패밀리 뮤지엄'으로 로그인했다. 책장을 빼곡히 채운 책과 벽에 걸린 가족사진은 여전하다. 거실에 감도는 익숙한 냄새에 S의 마음이 아련한 그리움으로 채워졌다. 이곳은 3년 전 세상을 떠난 S의 할아버지가 모은 모든 기록을 가상의 공간에 옮겨놓은 메타버스 가족 역사관이다. 할아버지와 유난히 사이가 좋았던 S는 할아버지의 모든 생의 기록이 담긴 이 공간에 종종 로그인해 자신의 어린 시절 앨범을 뒤적이기도 하고, 할아버지 아바타와 이야기를 나누기도 한다.

이날 S는 아내와 병원에 다녀온 길이었다. 언제나처럼 할아버지가 남기고 간 자료들을 뒤적이던 S는 결심한 듯 할아버지의 아바타를 불러냈다.

"너석아, 이게 몇 달 만이야. 통 얼굴을 비추지 않더니 어쩐 일이야?"

S가 멋쩍은 웃음을 지어 보였다.

"잘 지내셨어요, 할아버지? 그새 더 젊어지셨네요."

할아버지의 얼굴에서 웃음기가 가시자 S가 다시 입을 연다.

"할아버지, 제가 아빠가 된대요."

할아버지의 눈이 동그래진다.

"기쁜 소식을 전하려고 뜸을 들인 게로구나, 이 녀석. 그나저나 축하한다! 이보다 더 기쁜 일이 어디 있겠니."

"할아버지, 그런데 기분이 묘해요. 기쁘기도 하지만 뭐라고 말할 수 없는 복잡한 감정이에요."

S를 지긋이 바라보던 할아버지가 책장에서 동영상 파일 하나를 꺼내 재생시킨다. 순식간에 거실은 산부인과 신생아실로 바뀌었다. 신생아실 창문 사이로 지금보다 훨씬 젊은 얼굴의 할아버지가 신생아와 눈을 맞추고 있고, 그 옆에선 할머니가 눈물을 훔치고 있다. S가 태어난 날이었다.

"쭈글쭈글하던 못난이 아가가 이렇게 멋진 성인으로 성장하다니! 새삼스럽구나. 내가 지금 어떤 마음일지 할아버지가 누구보다 잘 알지. 자식도 낳아보고, 이렇게 예쁜 손자도 안아봤잖니. 그런데 말이다. 너무 걱정할 필요가 없단다. 너도 이렇게 멋지게 성장했잖니. 네 자신을 믿으렴."

"네, 할아버지. 이 장면을 보니 어쩐지 안심이 되네요. 그런데 할아버지는 어떻게 이런 패밀리 뮤지엄을 만들 생각을 하셨어요?"

"에끼 녀석. 이게 다 너 때문이잖니?"

"저요?"

S의 기억 속에서 문득 10년 전의 한 장면이 떠올랐다. 늘 조

용하기만 하던 할아버지의 집이 오랜만에 사람들로 북적이던 날이었다. 그날은 할아버지의 아흔 번째 생일. 모처럼 온 가족이 한자리에 모였다.

"와우! 이걸 다 언제 모으셨어요?"

"평생을 모았지. 이사를 그렇게 많이 다녔어도 버릴 수가 없었단다. 내 인생, 아니 우리 가족 모두의 흔적이니까."

그랬다. S의 할아버지 집은 그야말로 개인 역사관이었다. 평생을 읽고 모은 책과 일상의 모든 기억이 담긴 다이어리는 물론이고 학창 시절 성적표와 표창장, 직장생활 당시 받은 월급봉투와 각종 명함, 승진 사령장, 인사 발령장, 상패와 기념 트로피, 해외 출장길에 사 온 추억의 기념품까지 모두 가지런히 정리되어 있었다. 세월의 흐름이 느껴지는 가족사진을 담은 대형 액자만 해도 수십 개였다. 하지만 무엇보다 소중한 것은 백 권 넘게 기록한 소중한 친필 노트와 평생에 걸쳐 발간한 수십 권의 책자들이었다.

"벌써 내 나이가 아흔인데, 내가 세상을 떠나면 이걸 다 어떻게 처리해야 할지."

가족 앨범을 들춰보던 S가 뭔가 생각났다는 듯이 입을 열었다.

"할아버지, 좋은 생각이 있어요. 이걸 전부 메타버스 패밀리 뮤지엄으로 옮기는 거예요."

"메타버스 패밀리 뮤지엄? 그게 뭐냐?"

"지금의 이 공간을 가상에 그대로 옮겨놓는 거예요. 인터넷에 사진과 동영상을 올리듯이 말이에요. 현실의 공간처럼 더 입체적으로요. 할아버지 아바타가 그 공간의 주인인 거죠. 하하."

"그런 게 다 있구나. 그럼 내가 세상을 떠나도 죽지 않고 살아서 이 세상에 도움이 되는 존재로 영원히 남을 수도 있겠구나."

"그렇죠, 할아버지. 저희도 자주 들러서 할아버지를 뵙고요."

"내가 10년을 더 살 이유가 생겼구나. 100살까지 살아서 이 멋진 일을 완성해야 하니 말이다. 하하."

⏸

이 이야기는 본 책의 공동 저자인 신태균 박사가 평생을 꿈꾸어온 기록유산 프로젝트의 줄거리다. 그는 30년 이상 기업에서 일하며 모은 모든 책자와 평생을 쓴 노트, 그리고 자신의 창작 저술 자료들을 8년 전에 별도의 공간을 마련해 소중히 모았다. 이를 '가족 역사관'이라 이름 붙였다. 그는 죽기 전까지 모으고, 읽고, 쓰는 일을 계속하여 그 모든 기록물을 후세에 전하는 것이 마지막 꿈이다. 그 꿈은 실현 가능할까?

갤럭시가 준비하고 있는 메타버스 서비스 가운데 '메타버스 패밀리 뮤지엄'이 있다. 여기에 평생을 모은 그의 기록물을 옮긴다면 그의 꿈은 현실이 될 수 있다. 그곳을 방문하는 모든 이에게 자신의 아바타가 도슨트가 되어 그가 경험한 지식과 노하우 그리고 인생의 지혜를 친절히 전해줄 것이다. 메타버스 패밀리 뮤지엄은 가상의 공간에 만들어놓은 일종의 가족 역사관 혹은 가족 기념관이다. 역사관이나 기념관이라고 하면 우선은 유명 인물을 떠올리게 된다. 대체로 역사적으로 큰 영향을 끼친 위인이나 중요한 업적을 이루거나 국가 발전에 기여한 정치인, 지도자, 혁신가, 문화예술가 등이 그 주인공이다. 유명 인물의 역사관이나 기념관은 여러 가지 역할을 한다. 그들의 생애와 이야기를 보존하고 문서로 만들어 후대에 전하며, 방문객들에게 그 인물의 삶과 업적에 대해 교육적인 정보를 제공해 역사적인 이해를 높이기도 한다. 유명한 인물의 드라마틱한 삶은 사람들에게 영감과 자극을 주며, 그들의 업적과 남겨진 자료는 연구와 학술 활동에 활용되기도 한다. 위대한 삶을 기록하고 전시하는 것은 인류에게 당연히 유익한 일이다. 그런데 이 지점에서 의문이 생긴다. 일반인들은 기념관을 만들면 안 되는가. 존중받아야 하는 것은 위대한 사람들뿐인가. 이 질문에 대한 갤럭시의 답이 메타버스 패밀리 뮤지엄이다. 모든 사람의 인생은 존중받아 마땅하며, 모두가 자신이 걸어온 인생을 전시해 많은 사람들이 그것을 볼 수 있게 해야 한다는 것이 갤럭시가 내린 결론이다.

기억의 공간,
디지털 타임캡슐

자신의 삶을 기록하고 그것을 남들과 공유하는 것은

인간의 본능 가운데 하나다. 현실의 공간에서 일기를 쓰고 사진첩을 꼼꼼하게 정리하던 인간은 인터넷의 등장과 함께 2D의 가상공간에 자신의 집을 만들었다. 이 공간에서 개인은 누구나 자신의 일상과 생각, 사상이 담긴 창작물을 자유롭게 표현해 게시하고, 다른 사람들과 공유했다. 자신의 관심사와 전문 분야에 대한 콘텐츠를 제작하고 그것을 통해 타인과 소통함으로써 누구나 크리에이터로서의 삶을 살 수 있었다. SNS 세상이 열리면서 자신의 공간을 꾸미는 것이 훨씬 더 수월해졌고, 소통하는 대상은 전 세계인으로 확대되었다. 당연히 온라인 속에서 'ID'라는 부캐로 살아가는 시간이 점점 늘어났다.

그렇다면 메타버스 세상에서 우리는 어떤 가상의 집을 갖게 될까. 앞서 이야기에서도 보았듯 메타버스에 만들어진 개인 역사관은 한 개인이나 가족의 모든 생애를 가상의 공간에 디지털 데이터의 형태로 보존해 구현한 공간이다. 2D 인터넷 공간 속의 텍스트나 사진 정도가 아니라 현실의 공간을 그대로 실감 나게 입체적으로 구현할 수 있다. 이 공간에 수많은 사진과 영상, 녹음 데이터, 개인의 저작물 등 가족의 모든 것을 공간의 한계 없이 담을 수 있다.

현실에 이런 공간을 만들려면 비용도 시간도 만만치 않다. 하지만 가상이라면 충분히 넓고 멋진 공간을 만들 수 있다. 이렇게 만든 공간은 일종의 타임캡슐이 될 수도 있고, 가상의 공간에 만들어진 입체적인 앨범이 될 수도 있다. 또 그 사체로 개인이나 가족의 포트폴리오가 될 수도 있다.

21세기 초반의 인류가 수시로 SNS를 드나들며 멀티 페르소나로서의 삶을 기록한다면, 가까운 미래에 인류는 현실과 가상이 혼재된 메타 페르소나로서의 삶을 메타버스 패밀리 뮤지엄에 꼼꼼히 남기게 될 것이다. 이런 공간이 있다면 자신의 지나온 인생을 통해 남은 인생을 더 건설적으로 계획할 수 있고, 가족의 관계를 더 돈독하게 만들 수도 있다. 성인이 된 자녀들과 어쩐지 거리감이 들어 마음이 허전하다면 메타버스 패밀리 뮤지엄으로 로그인해 어린 시절의 자녀와 즐거운 한때를 보낼 수도 있다.

현실과 가상, 과거와 현재, 미래가 혼재된 메타버스 세상이 온다면 사람들은 훨씬 많은 시간을 가상에서 보내게 될 것이다. 현실의 세상만큼이나 가상의 규모가 커지고, 현실에서와 마찬가지로 다양한 창작 활동과 경제 활동 기회가 생겨날 것이다. 자신의 공간을 디자인하고, 그곳을 채울 콘텐츠를 생성하게 될 것이다. 크리스토퍼 놀런 감독이 영화 〈인터스텔라〉를 통해 자신의 세계관을 놀라운 비주얼로 창조했다면, 메타버스에선 개인도 얼마든지 그와 같은 것을 창조해낼 수 있다.

지 구 의
행 복 을 위 한
솔 루 션

▶

시청자 여러분 안녕하십니까. 2034년 2월 1일 CNN 뉴스입니다. 오늘은 모처럼 반가운 소식으로 뉴스를 시작합니다. 세계기상기구(WMO)가 스위스 제네바 현지 시각으로 오늘 오전 9시에 발표한 '2033 글로벌 기후 현황 보고서'에 따르면 2033년 지구의 평균 기온이 전년 대비 0.72℃ 낮아졌습니다. 전년 대비 지구 평균 기온이 낮아진 것은 1993년 이후 40년 만의 일입니다.

환경 전문가들은 이러한 변화가 메타버스의 확산과 밀접한 관련이 있는 것으로 분석하고 있습니다. 사람들이 가상세계에서 체류하는 시간이 증가한 데 따른 것인데요. 글로벌메타버스포럼의 조슈아 홀트 의장의 발언을 들어보겠습니다.

"현재 전 세계 인구의 약 60%가 하루 24시간 중 평균 15.6시간을 가상세계에서 보내고 있습니다. 이로 인해 실제 지난 몇 년간 차량 이동이 큰 폭으로 줄어들면서 지구온난화의 주범인 온실가스 배출이 감소했고, 에너지 소비와 자원 소모, 쓰레기 배출이 함께 줄어들면서 지구의 평균 기온을 끌어내린 것이죠."

메타버스의 긍정적 효과는 다른 곳에서도 이미 감지되고 있습니다. 북아프리카의 사하라 사막 면적이 2033년 기준으로 10년 전인 2023년 대비 23% 감소했고, 3년 전부터 해안 지역 곳곳에서 해수면 하락이 관측되고 있습니다. 한편에선 메타버스의 영향이 지구온난화뿐 아니라 인구 감소 문제 해결에도 긍정적 역할을 하고 있다는 주장도 제기되고 있는데요. 이 소식을 서울 특파원을 연결해 자세히 알아보겠습니다.

안녕하십니까. 서울 특파원 에단 헌트입니다.

한국은 저출산 문제로 오랫동안 골치를 앓아온 국가 중 한 곳입니다. 대한민국의 합계출산율은 전 세계 228개국 중 226위로 최하위 수준이며, 2032년 기준 0.65명으로 세계 평균인 2.3명의 절반을 훨씬 밑돌았습니다. 제가 서 있는 이곳 서울은 합계출산율이 0.49명으로 지난 5년간 전 세계에서 가장 아이를 적게 낳은 도시에 랭크되어 있습니다.

그런데 한국 통계청이 최근 발표한 자료에 따르면 2033년 상반기 대한민국의 합계출산율이 0.71명으로 전년 동기 대비 큰 폭의 증가세로 돌아섰습니다. 서울도 4년 만에 처음으로 0.5명을 웃도는 0.53명을 기록했습니다.

대한민국의 합계출산율이 증가한 것은 지난 1983년 이후 처음 있는 일입니다. 이러한 변화에 대해 일각에서는 메타버스가 가장 먼저 상용화된 나라 중 한 곳인 대한민국에서 그 효과가 나타나기 시작한 것으로 분석하고 있습니다. 시간적·경제적 여유가 없다는 이유로 결혼과 출산을 미루거나 포기했던 청년들이 메타버스로 인해 워라밸(일과 삶의 균형)이 가능해지면서 다시 결혼과 출산에 관심을 갖기 시작했다는 분석이 지배적입니다.

오랫동안 저출산 문제의 실마리를 찾지 못했던 한국 정부는 반색하는 모습입니다. 앞으로 이런 흐름을 계속 이어나가기 위해 메타버스 창업을 지원하는 예산을 대폭 늘린다는 방침입니다.

이상, 서울에서 에단 헌트가 전해드렸습니다.

⏸

폭우, 한파, 가뭄 등 극단적인 날씨와 해수면 상승, 물 부족 등 전 지구적으로 기후위기를 체감하는 요즘 정말 간절히 듣고 싶은 뉴스다. 오늘날 대부분의 헤드라인은 어두운 소식 일색이다. 전쟁, 치솟는 물가, 엽기적인 살인, 이상 기후, 학교 폭력, 마약, 동물 학대, 소외 계층의 자살 같은 소식으로 가득해 차라리 뉴스를 외면하고 싶은 마음이다. 그러나 기업의 경영자라면 누구보다 세상 돌아가는 뉴스에 눈과 귀를 열어야 한다는 생각으로 매 순간 마음을 다잡는다.

'메타버스로 세상을 이롭게 하자!'

2019년 갤럭시를 설립하면서 공동 창업자들과 다짐한 약속이다. 지금 이 순간에도 수많은 창업자가 우리 사회의 당면한 문제를 해결하겠다는 포부를 품고 소셜 벤처라는 이름으로 창업의 세계에 뛰어든다. 이들은 기업의 이윤을 추구하면서도 교육, 환경 보호, 지방 재생, 빈곤 문제 해결 등 다양한 사회적 문제에 대한 해결책을 제시하고 실행에 옮기는 역할을 하고 있다. 이들이 있어 그나마 우리 사회가 조금은 더 밝아지고 있다고 믿는다.

메타버스로
세상을 이롭게 하자

기업의 사회적 역할은 전통적인 기업에도 요구되고 있다. 특히 몇 년 전부터 ESG(환경·사회·거버넌스) 경영이 기업 경영의 새로운 어젠다로 등장하면서 기업은 사회문제에 관심을 갖지 않고서는 글로벌 기업으로 성장할 수 없게 되었다. 갤럭시 또한 창업 당시부터 이 문제를 깊이 고민했다. 이 고민에 대한 답이 결국 기업이 추진하는 사업의 큰 방향을 결정한다고 생각했기 때문이다. 메타버스를 활용해 돈을 버는 것이 목표인 기업과 인류를 더 나은 방향으로 이끌겠다는 목표를 가진 기업의 행보가 같을 리 없다.

지난 인류의 역사에서 기술이 보여준 양면성은 좋은 사례다. 기술이 사회와 비즈니스 환경을 변화하고 진화시키는 데 혁혁한 공을 세운 것은 두말할 필요도 없다. 그러나 기술의 어두운 면 또한 부정할 수 없는 사실이다. 일례로 요즘 논란이 되고 있는 딥페이크^{deepfake}만 놓고 봐도 이 기술이 드리우는 그늘이 만만치 않다. 딥페이크 기술은 딥 러닝과 인공지능 기술을 활용해 얼굴이나 음성 등을 합성하는 기술로, 실제와 구별하기 어려운 가짜 동영상이나 음성 등을 생성하는 데 주로 사용된다. 물론 딥페이크는 기술적으로 뛰어난 창의력과 혁신의 결과물이다. 몇 년 전 해외 사이트에서 딥페이크 기술로 되살려낸 유관순 열사의 웃는 모습은 감동적이었다. 우리가 기억하는 유관순 열사는 일제의 고문으로 퉁퉁 부은 얼굴이지만, 딥페이크 기술로 살려낸 그녀는 짧은 동영상 속에서 웃고 있었다. 미소를 띤 유관순 열사의 모습은 오히려 대한민국 국민의 가슴을 더 뜨거워지게 했다. 이런 사례가 있는가 하면 한편으로 부정적인 사례도 꽤 많다. 얼굴이나 음성을 조작해 만든 가짜 콘텐츠는 사회적 혼란, 명예 훼손, 사생활 침해 등의 문제를 야기했다. 특히 정치, 미디어, 엔터테인먼트 분야에서는 거짓 정보가 진짜인 것처럼 전파되면서 혼란을 초래하기도 했다.

"나는 이제 죽음이요, 세상의 파괴자가 되었다."

얼마 전 개봉한 영화 〈오펜하이머〉에서 물리학자 오펜하이머는 자신이 인류를 파멸에 이르게 할 핵무기의 개발자가 된 절망감과 두려움에 절규했다. 구글이 내세운 모토 또한 'Don't be evil(악해지지 말자)'이다. 적어도 기업의 목표는 기술로 세상을 더 나은 곳으로 만드는 것

이어야 한다. 그래서 갤럭시는 이 분야의 싱크탱크를
영입해 2019년 이후 줄곧 아이디어를 모으고 있다.

갤럭시가 추구하는
메타버스의 모습

갤럭시가 추진하고 있거나 혹은 앞으로 추진할 사회공
헌 활동 혹은 ESG 프로젝트는 다양하지만, 그 기본 구
조는 동일하다. X축은 메타버스 2.0의 핵심인 '시간의
창조'이고, Y축은 '마인드 비즈니스'다. 과거, 현재, 미래
를 동시에 살아감으로써 인간에게 주어진 시간의 한계
를 넘어서고, 이것을 통해 궁극적으로는 인간의 정신
건강 증진과 자아의 성장을 돕는 우상향 그래프를 그
리는 것이 갤럭시가 꿈꾸는 메타버스의 모습이다.
개인의 성장과 행복을 돕는 것도 사회공헌 활동의 일부
가 될 수 있지만, Z축에 '공공의 이익'이 더해지는 순간
메타버스는 인류의 성장과 행복을 돕는 훨씬 입체적인
해결책이 되고, 여기서 한발 더 나아가 그 범위를 인간
에 머무르지 않고 지구의 모든 생명체와 지구 환경으로
까지 연장하면 온 지구의 행복을 위한 해결책이 된다.
이렇게 생각을 확장하다 보면 '과연 메타버스의 한계가
어디인지' 궁금해질 것이다. 메타버스가 얼마나 소중하
며, 그것을 값지게 활용해야 하는 기업의 책임이 얼마

나 막중한지도 깨닫게 될 것이다.

갤럭시는 사업 초기부터 고인이 된 유명 인사의 IP 사업을 주력으로 해왔다. 죽은 이들을 다시 아바타로 살려냄으로써 떠나보낸 이의 상실감을 채워주고 가족 간의 결속을 더 끈끈하게 만들 수 있다고 믿기 때문이다. 개인이나 가족 차원에서 도움이 되는 이런 서비스의 범위를 확장해 공익적인 용도로 활용하는 방법은 무궁무진하다. 예를 들어 타계한 명사가 생전에 환경문제에 관심을 갖고 노력해온 인물이라면 사후 그의 아바타를 환경 교육이나 캠페인 활동 등에 활용할 수 있다. 정치인이나 환경운동가가 나서서 환경 보호를 외치는 것보다 대중에게 친근한 인물이 나서서 활동해주면 파급효과는 더 크다.

물론 앞으로 우리 사회가 망자의 권리에 대해 사회적으로 합의하는 과정이 남아 있다. 죽기 전에 자신의 지식재산권, 초상권, 인격권 등의 권리를 양도하지 않은 이상 지금으로선 유족의 동의 아래 사업을 진행하는 수밖에 없다. 망자가 자신을 아바타로 살려내 죽은 뒤에도 살아 있는 것처럼 활동하기를 원할지는 알 수가 없다. 갤럭시에게 남겨진 과제인 만큼 앞으로 이 문제를 슬기롭게 해결해나가기 위해 다양한 노력을 기울일 계획이다.

망자뿐 아니라 현존하는 유명인 IP로도 이런 일은 충분히 가능하다. 대한민국에서는 사회문제에 관심을 갖고 활동하는 연예인을 '개념 연예인'이라고 부른다. 이들은 주로 사회 정의, 인권, 환경, 동물 보호 같은 사회적 이슈에 목소리를 내며 대중의 관심을 환기하는 역할을 해왔다. 동물 권익 향상에 열심인 가수 이효리, '길스토리'라는 재단을 설립해 서울의 옛길을 소개하며 길을 읽어주는 배우 김남길 등이 대표적이다. 개념 연예인은 자신의 영향력을 사회 변화를 이끌어내는 좋은 용도에 활용하고 있다는 평가를 받는다. 해외에는 이런 사례가 훨씬 더 많다. 배우인 레오나르도 디카프리오는 1998년 환경 보호를 목적으로 '레오나르도 디카프리오 재단Leonardo DiCaprio Foundation'을 설립하고 야생동물 보호, 기후 변화 대응, 원주민 권리 보호 등 다양한 환경문제 해결에 나서고 있다.

"이 상을 받게 되어 기쁘지만, 이 상을 당연한 것으로 여기지는 않겠습니다. 기후 변화는 실재하고, 지금 이 순간에도 일어나고 있습니다. 우리는 이 문제를 해결하기 위해 행동해야 합니다."

2016년 디카프리오가 제88회 오스카 시상식에서 영화 〈레버넌트: 죽음에서 돌아온 자〉로 남우주연상을 받은 후 남긴 이 수상 소감은 전 세계적으로 큰 반향을 일으키며 환경문제에 대한 대중의 관심을 환기시켰다. 이 시상식을 실시간으로 지켜본 전 세계 시청자가 무려 5,800만 명에 이른다. 미국 환경단체인 그린피스는 디카프리오의 수상 소감 직후 기부액이 30% 이상 증가했다고 밝혔고, 미국 여론조사기관인 퓨리서치센터에 따르면 수상 소감 직후 실시한 조사에서 미국인의 58%가 기후 변화의 심각성을 인식한다고 답변했는데, 이는 전년도 조사 결과보다 7% 증가한 수치였다.

디카프리오 외에도 가수 리한나는 자신의 패션 브랜드를 통해 아동 노동 착취를 근절해야 한다는 목소리를 내고 있고, 가수 빌리 아일리시는 정신 건강에 대한 인식을 높이기 위해 목소리를 높이고 있다.

이런 활동을 연예인이 직접 나서서 해준다면 더 바랄 나위가 없겠지만, 연예인도 시간과 체력의 한계를 가진 우리와 똑같은 사람이다. 만약 연예인의 버추얼 아바타가 대신 이런 활동을 전 세계 여러 곳에서 시공간 제약 없이 동시다발적으로 한다면 그 효과는 상상 이상일 것이다. 연예인 입장에서도 시간 창조와 사회공헌 활동이라는 두 마리 토끼를 잡을 수 있다.

군대 복무 기간 동안 공백기가 생길 수밖에 없는 대한민국 남성 연예인에게는 더욱 필요한 서비스다. 버추얼 아바타가 있다면 군 복무 기간에도 팬들과 소통하고, 입대 전 해오던 사회공헌 활동을 공백기 없이 이어갈 수 있다. 더 나아가 본인의 의지만 있다면 자신의 사후에도 아바타 IP로 사회에 좋은 영향력을 끼칠 수 있다.

'영원한 고향' 지구를 지키는
또 다른 지구

갤럭시가 생각하는 '노블레스 오블리주'란 바로 이런 것이다. 지구를 자기 편한 대로 마음대로 사용하고 다른 종들을 무자비하게 그들의 터전에서 몰아낸 주체가 인간이라면, 그것을 바로잡는 것도 결국 인간의 몫이어야 한다.

그런 의미에서 갤럭시는 동물의 행복도 인간의 행복만큼이나 지켜야 할 중요한 가치로 본다. 1차 목표는 동물을 원래 살던 그들의 터전으로 되돌려놓는 것이다. 더 이상 인간의 구경거리가 되지 않고, 사냥당하지 않고, 태어난 목적 그대로 자신이 살던 곳에서 자유롭게 살아가게 하는 것이다. 동물을 가까이서 보고 싶어 하는 인간의 욕구는 가상의 공간에 메타버스 동물원을 만들어 해소할 수 있다. 아이들은 어른들보다 훨씬 디지털에 익숙한 세대다. 디지털 네이티브인 그들은 스마트폰으로 동물의 영상을 봐도 현실감을 느낀다. 헤드셋을 끼고 동물원을 관람한다고 해서 실망하지 않는다. 동물들이 떠나간 공간은 동물과 관련한 예술 활동을 하는 젊은 예술가들을 위한 전시 공간으로 조성할 수도 있다. 그 공간에서 얻은 수익으로 동물을 구조하는 데 기부하거나 서식지를 마련할 수도 있다.

메타버스라면 지구에서 숨 쉬고 살아가는 모든 생명체

의 행복 온도를 높여줄 수 있을 거라고 믿는다. 인간을 비롯한 모든 생명체가 공존할 수 있는, 조금은 더 살 만한 지구를 만들어줄 수 있으리라. 갤럭시는 이런 뜨거운 마음을 가진 기업으로 성장해가고 있다. 이런 세상이 온다면 굳이 지구를 버리고 다른 행성으로 이주할 필요가 있겠는가. 지구는 우리가 지켜야 할 유일한 고향이다. 그리고 지구를 지키는 것은 충분히 가능한 일이다. 우리에겐 또 다른 지구가 있으니까.

PART

05

세상을 바꾸는 사람들

이 세상은 모두가 불가능하다고 했던
1%의 확률에 도전한 사람들의
손에 이끌려 발전해왔으며,
현재 누리고 있는 새로운 문명은   우리가 손가락질했던 누군가의 상상으로부터   시작되었다 。

1 % 확 률 에
도 전 하 는
이   유

강력한 아이디어가 운명처럼 찾아올 때가 있다. 많은 혁신적 창업가들이 아이디어를 사람들에게 전하기 위해 애쓰지만, 대부분 이런 시도는 좌절된다. "이건 불가능해!"라는 말은 창업의 세계에서 떠도는 가장 흔한 주문呪文이다.

혁신가들의 아이디어는 비난과 비판에 직면하기 마련이다. 1976년 4월 1일 스티브 잡스가 개인용 컴퓨터를 개발하겠다고 발표하자 엄청난 비난이 쏟아졌다. 사람들은 덩치만 크고 비싼 컴퓨터를 누가 사겠냐며 코웃음을 쳤다. 제프 베이조스가 인터넷으로 책을 팔겠다는 비전을 발표했을 때도 아마존의 성공 가능성에 배팅한 사람은 극소수였다. 마찬가지로 누가 책을 인터넷으로 사겠냐며 비아냥거렸다. 지금은 개인용 컴퓨터가 없거나, 인터넷 쇼핑을 하지 않는 사람을 찾는 게 더 어려울 지경이다. 그때 그 조롱의 화살은 지금, 화성으로 인류를 이주시키겠다는 원대한 꿈을 목표로 우주 개발에 열을 올리는 일론 머스크와 멋진 가상세계를 열겠다는 마크 저커버그에게로 향해 있다. 그래서 역사는 반복된다고 했던가.

갤럭시의 메타버스 비전을 담은 이 책의 독자 가운데도 '이건 불가능해'라고 생각하는 사람이 있을지도 모른다. 불과 수십 년 전 사람들이 각자가 개인용 컴퓨터를 갖게 되고 인터넷으로 책을 사게 될 줄 전혀 예견하지 못했던 것처럼, 우리는 현재의 기준으로 미래 인류가 현실과 가상, 과거와 미래, 생과 사를 오가는 메타버스 세상에서 살게 될지를 쉽게 예측하거나 이해할 수 없다. 그러나 분명한 사실 하나가 있다. 이 세상은 불가능하다고 여겨졌던 1%의 확률에 도전한 '무모한 사람들'의 손에 이끌려 발전해왔으며, 지금 누리는 문명이 실은 우리가 손가락질했던 그들의 미친 상상에서 비롯되었다는 것이다.

아무도 생각하지 못한 곳에서
새로운 가치를 찾는다

2019년 갤럭시를 창업할 때도 그랬다. 연예인이나 유명인 부캐 IP로 비즈니스를 하겠다는 비전을 들고 투자자들을 만나기 시작했을 때 나는 인생에서 겪을 수 있는 모든 치욕을 경험했다. "부캐가 대체 뭐야? 이게 말이 돼?" 미팅 자리가 끝날 때쯤이면 나는 허무맹랑한 이야기로 투자자들의 지갑을 노리는 사기꾼이 되어 있었다.

그런데 2024년 현재 대한민국에서 내로라하는 연예인들은 부캐를 갖고 있다. '국민MC'라고 불리는 유재석은 내가 투자자들로부터 한창 문전박대를 당한 몇 달 뒤인 2019년 겨울에 신인 트로트 아이돌 가수 '유산슬'로 데뷔해 인기를 끌었다. 유산슬의 성공은 수많은 부캐 성공 사례 중 하나에 불과하다. 유산슬에 열광하는 대중을 보며 나를 문전박대했던 투자자들은 어떤 생각을 했을까. 한류 콘텐츠로 전 세계 시청자들을 사로잡은 〈피지컬: 100〉의 성공 이후 글로벌 유력 투자자들로부터 수없이 러브콜을 받는 갤럭시를 보며 어떤 생각을 하고 있을까.

인간은 늘 안전한 길을 선택하고 싶어 한다. 혁신가들이 만들어놓은 결과물을 조금 비틀어 그걸 '차별화'라고 내세우며 혁신가 행세를 하는 선에서 타협하고 주저앉는다. 하지만 나와 갤럭시의 전사戰士들은 그런 것엔 관심이 없다. '세상에 없던 것을 찾아 세상에 알리고, 그것을 통해 세상을 더 이롭게 만드는 것'에 갤럭시의 존재 가치가 있다고 믿기 때문이다. 그래서 우리의 시선은 늘 남들이 안 하는 것, 남들이 안 된다고 말하는 것에 가 있다.

성공한 사업가이자 밴처캐피털 투자자인 피터 틸[Peter Thiel]은 그의 저서 『제로 투 원』(한국경제신문, 2021)에서 다음과 같이 말했다.

> "성공한 기업과 사람들은 아무도 생각하지 못한 곳에서 새로운 가치를 찾아낸다. 기존의 모범 사례를 따라 하고 점진적으로 발전해봤자 세상은 1에서 n으로 익숙한 것이 하나 더 늘어날 뿐이다."

새로운 가치를 창출하기 위해서는 기존의 모범 사례를 뛰어넘는, 완전히 새로운 것을 만들어야 하고 그것이 스타트업의 미덕이자 성공 공식임을 강조한 그의 말에 전적으로 동의한다.

확률 1%에 도전하는 것은 기업 입장에서 결코 쉬운 일이 아니다. 물론 아무나 할 수 있는 일도 아니다. 성공 가능성이 매우 낮으므로 투자자나 대중의 관심을 끌기 어렵고, 자금 조달에 어려움을 겪다가 결국 사업이 좌초되기도 한다. 아이디어와 성공 사이에는 실로 거친 물살의 거대한 강물이 흐른다.

불가능을 가능하게,
메타버스로 더 행복하게

메타버스 1.0의 파도에 올라탔던 서퍼 10명 가운데 9명
이 바다를 떠난 상황에서 갤럭시가 물에 빠져 죽을 각
오를 무릅쓰면서 메타버스를 고민하고 계속 가꾸어가
는 이유는 뭘까. 그것은 메타버스가 인류를 지금보다
더 나은 삶으로 이끌 수 있다는 확신이 있기 때문이다.
1%의 선택받은 소수가 아니라 1%의 행복을 위해 봉사
하는 99%의 인간을 행복하게 해줄 수 있다고 생각하
기 때문이다. 이 원대한 포부를 실현해줄 수 있는 유일
한 솔루션이 메타버스라고 믿기 때문이다.

21세기 정보화 사회에서는 정보를 독점한 1%의 선택받
은 사람들이 부와 권력을 독차지하고 있다. 세계에서
가장 부유한 1%가 전 세계 부의 절반 이상을 소유하고
있고, 가장 가난한 50% 사람들의 부를 합쳐봐야 전 세
계 부의 1%도 되지 않는다. 구글이나 네이버는 사람들
에게 무료로 검색창을 활짝 열어놓고 있는 것 같지만,
실은 이용자들이 아무런 대가 없이 매 순간 제공하는
어마어마한 정보를 활용해 천문학적인 부를 축적하고
있다. 반면에 일자리는 정말 어처구니없을 만큼 조금
만들어내면서 말이다. 10조 원 이상의 매출을 올리는
구글 코리아에서 일하는 직원은 겨우 600명에 불과하
다(2022년 기준). 심지어 비슷한 매출을 기록한 유튜브 코

리아의 직원은 구글 코리아의 10분의 1 수준이다.

메타버스의 중요한 본질 가운데 하나는 '탈중앙화'다. 이것은 웹3.0의 본질과도 일맥상통한다. 웹3.0이 상용화되면 메타버스는 중앙화된 플랫폼이 아니라 분산된 가상 환경을 제공할 수 있게 된다. 이것은 사용자들이 중앙화된 권한을 가진 단일 기업이나 기관에 의존하지 않고 자유롭게 아바타 등을 통해 현실과 가상을 오가며 활동하고 사람들과 상호작용할 수 있다는 것을 의미한다.

한때 투자 광풍이 불었던 가상화폐도 그 핵심은 탈중앙화다. 우리가 매일 페이스북이나 인스타그램에 올리는 글과 사진은 네트워크를 타고 전 세계로 공유된다. 그런데 우리는 글과 사진에 대한 저작권료를 메타로부터 받은 적이 없다. 메타는 자신들의 손으로 저작물을 하나도 만들지 않으면서도 사람들이 만들어낸 글과 사진으로 어마어마한 광고 수익을 올리고 있는데도 말이다. 탈중앙화를 위한 솔루션인 블록체인은 디지털 데이터와 저작물 등의 소유권을 플랫폼이 아니라 개인의 손에 되돌려주고, 1%가 아닌 99%에게도 기회를 주자는 것이 본래 개발 취지다.

메타버스는 1%를 위해 봉사하는 99%의 사람들이 그동안 자신을 옭아맸던 삶의 제약을 벗어던지고 자기 삶의 '주인공'으로 살아갈 수 있는 새로운 삶의 무대가 될 수 있다. '불가능을 가능하게, 메타버스로 더 행복

세상을
바꾸는
사람들

하게', 이것이 갤럭시가 99%의 아웃사이더를 위해 1%
의 확률에 도전하는 이유다. 남들과 다른 생각을 하고
남들과 다른 선택을 한 돈키호테처럼 이룰 수 없는 꿈
을 꾸고, 이루어질 수 없는 사랑을 하고, 견딜 수 없는
고통을 견디며, 닿을 수 없는 저 밤하늘의 별을 따려고
한다.

죽어야 사는 기업

혁신가들은 자신의 대담한 비전을 실현하기 위해 하나같이 집요하고 지독하게 자신을 몰아붙이는 공통점이 있다. 그렇게 하여 다른 사람들이 '말도 안 되는 미친 짓'이라고 했던 것을 '당연하고 정상적인' 것으로 만들어냈다.

자신이 만든 회사에서 쫓겨났던 스티브 잡스는 위기를 딛고 일어나 절치부심한 끝에 애플에 다시 입성해 21세기 최고의 혁신인 아이폰을 만들었고, 일론 머스크는 "나무나 심지 웬 우주산업"이냐는 비난 세례를 받으면서도 화성에 인류를 보내겠다는 원대한 비전을 실현하기 위해 우주 사업에 거액을 투자하고 있다. 로켓 발사가 여러 차례 실패하면서 수많은 야유와 비난의 화살이 그를 향했지만 일론 머스크는 전혀 흔들리지 않았다. 그에겐 우주 시대를 열겠다는 확고한 꿈과 도달해야 할 목표가 있었기 때문이다. 결국 그는 보란 듯이 민간 우주 여행 시대를 열었다. 구글의 공동 창업자 래리 페이지가 "당시에 미쳐 보이는 일들을 참 많이 했다"고 고백했듯, 세상을 바꾸는 혁신은 마이너, 별종, 또라이, 이단아라 불린 이들에 의해 이루어져 왔다.

집요하게 자신을 몰아붙인 별종들에겐 또 다른 공통점이 있다. 이들은 모두 자신의 꿈과 비전에 인생을 걸었던 인물들이다. 알베르트 아인슈타인은 그의 저서『나의 세계관』(서문당, 1996)에서 "나는 내 인생을 과학에 바쳤다. 나는 우주의 신비를 밝히고 싶었다"라고 고백했고, 그로부터 70여 년 뒤인 2017년에 일론 머스크는 미국 경제 전문지《포브스》와의 인터뷰에서 "나는 내 인생을 인류의 미래에 바쳤다. 인류가 더 나은 세상에서 살 수 있도록 노력하고 싶다"는 포부를 밝혔다. 우주를 탐구하고 그곳에 도달하는 방법은 각자 다르지만, 이 두 사람은 우주에 자신의 모든 것을 걸었다.

나는 이들의 말이 진심이라고 믿는다. 혁신은 기존의 질서를 뒤흔드는 것 혹은 세상에 없던 것을 만들어내는 것이기에 반발과 저항에 직면할 수밖에 없다. 더욱이 성공할 확률이 낮기 때문에 실패의 위험도 감수해야 한다. 이런 어려움을 극복하기 위해서는 자신의 신념과 목표에 대한 확고한 의지와 용기, 그리고 불굴의

끈기가 필요하다. 죽을 각오로 덤비지 않고서는 1%의
확률에 도전해 성공할 수 없기 때문이다.

"죽고자 하면 살 것이고, 살고자 하면 죽을 것이다."

이 유명한 말은 일본의 침략으로 벌어진 임진왜란(1592~
1598) 당시, 수적인 열세에도 불구하고 일본 함대에 맞서
승리를 거머쥔 조선의 이순신 장군이 '명량해전' 출정
식에서 했던 말이다. 당시 일본 병사들에겐 없고 조선
병사들만 가진 '무엇'이 있었다. 바로 '죽고자 하는 각오'
다. 살기 위해 싸우는 사람은 목숨을 걸고 덤비는 사람
을 이길 도리가 없다.

새로운 메타버스 시대를 열겠다는 비전을 이야기하며
죽을 각오까지 들먹이는 게 유난스럽게 들릴 수 있다.
하지만 이것은 한낱 수사적·비유적 표현이 아니다. 나
를 비롯한 갤럭시 구성원들은 다른 혁신가들처럼 인생
을 걸고 죽을 각오로 덤비고 있다. 우리가 만드는 메
타버스 세상이 그러하기 때문이다. 갤럭시는 시간을
건너뛰고 죽음을 불사하는 서비스에 우리의 인생을
걸었다.

세 번의 죽음과
세 번의 부활

죽음에 이르러서야 비로소 삶이 제대로 보인다고 했던

가. 코로나19가 한창이던 때 나는 백신 접종의 후유증으로 인한 급성 당뇨로 쇼크가 와서 위급한 상황에 놓인 적이 있다. 서른을 갓 넘긴 젊은 청년이었던 나는 그전엔 한 번도 죽음을 떠올려본 적이 없다. 내게 죽음은 먼 훗날의 이야기, 내 이야기가 아닌 남의 이야기였다. 그런데 죽음은 그리 멀리 있는 게 아니었다.

죽음의 목전까지 간 이 경험을 통해 나는 이전까진 한 번도 생각해본 적 없는 하나의 진실과 마주했다. 인간의 삶이 '유한'하다는 것. "삶은 죽음을 향한 연습이다"라는 소크라테스의 말처럼 인생은 결국 마지막 순간을 향해 달려가고 있는 것에 불과하다는 사실을 뼈저리게 깨달았다. 코로나19 팬데믹 동안 전 세계 80억 명 인구가 직접적으로든 간접적으로든 죽음을 경험했다. 나는 이 경험이 우리 모두에게 상처를 남기기도 했지만, 한편에선 우리의 내면 깊숙이 숨겨져 있는 원초적인 욕망을 다시 한번 확인하는 계기가 되었다고 생각한다. 바로 '무한'한 삶에 대한 욕망이다.

그래서 갤럭시가 제안하는 메타버스의 새로운 버전은 현생의 유한한 시간을 무한 확장해주고, 사후에도 나의 무언가가 여전히 세상에 영향을 미치며, 현실의 제약을 벗어던지고 원하는 것은 무엇이든 할 수 있고 무엇도 될 수 있는 자유로운 삶의 무대다.

이러한 비전은 갤럭시의 심벌에 고스란히 담겨 있다. 갤럭시안의 얼굴이기도 한 '인피니티 페이스^{Infinite Face}'

라는 이름을 가진 이 심벌은 언뜻 가면처럼 보이기도
하고 외계인처럼 보이기도 한다. 우주를 상징하는 정
육각형의 헥사곤 중앙에 검은색 원 두 개가 박혀 있
다. 8자를 뉘어놓은 듯한 이 원 두 개는 뫼비우스 띠처
럼 '무한'을 상징한다. 이 심벌에는 무한한 상상의 공간
에서 새로운 가능성을 가진 콘텐츠를 끊임없이 만들어
아바타를 통해 사람과 사람을 연결하겠다는 갤럭시의
비전이 담겨 있다.

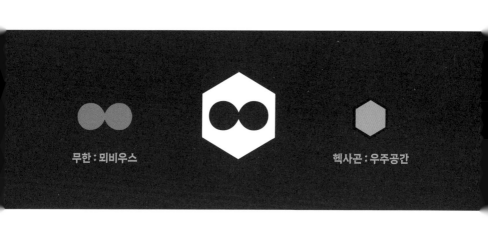

무한 : 뫼비우스   헥사곤 : 우주공간

현실, 온라인, 가상이 공존하는 세상을 만들기 위해선
'거대한 꿈'과 함께 '강한 행동력'이 필요하다. 대한민국
에서 최고가 되겠다는 생각으로 이 어려운 일에 도전
한 것은 아니다. 갤럭시가 생각하는 대상은 전 인류다.
전 세계 80억 명 인구가 '무한'한 가능성이 넘치는 삶
을 살게 하기 위해선 갤럭시가 초일류 기업으로 거듭나

야 하고, 그럴 각오로 메타버스 시장에 뛰어들었다. 이것을 실현하기 위해선 3년마다 일 배 성장을 이뤄야 하고, 그러기 위해선 세 번의 죽음과 세 번의 부활을 거쳐야 한다.

성장은 때로 참혹한 고통을 수반한다. 알에서 애벌레로, 애벌레에서 번데기로, 번데기에서 다시 성충으로 변태를 거듭하며 성장하는 과정에서 나비는 알을 깨고 나오기 위한 힘겨운 몸부림, 번데기 속에서 새로운 몸을 만들기 위한 고통을 겪는다. 죽음과도 같은 고통을 이겨내고서야 비로소 아름다운 날개를 펼 수 있다. 죽음이 곧 새로운 삶의 원천이 되는 것이다. 스티브 잡스도 죽음은 변화의 대명사이며 옛것을 새것으로 만들어 낸다고 강조했다.

인간 역시 성장 과정에서 고통과 시련을 겪는다. 엄마의 자궁을 나온 아이는 세상이라는 새로운 환경에 적응해야 하는 고통을 겪는다. 청소년기에는 학업과 진로에 대한 고민, 친구 관계의 어려움, 첫사랑의 실연 등 다양한 어려움에 직면한다. 성인이 되면 취업, 결혼, 출산 등 새로운 삶의 과제를 맞이하며 또 다른 고통과 시련의 순간을 마주한다. 성장통은 인간이 겪어야 하는 과정이다. 성장통을 통해 인간은 새로운 능력과 역량을 개발하고, 더 나은 인간으로 성장할 수 있다.

기업도 마찬가지다. 기업이 성장하려면 여러 번의 변태를 거쳐야 한다. 지금 전 세계 OTT 시장을 지배하고 있는 넷플릭스만 봐도 죽음과 부활을 수차례 반복했다. DVD 판매 회사로 시작한 넷플릭스는 시장과 고객의 변화를 그 누구보다 빠르게 포착해 인터넷 스트리밍 기업으로 변태를 시도했고, 이것은 모두가 아는 것처럼 넷플릭스에 큰 성공을 가져다주었다. 넷플릭스는 여기서 멈추지 않고 계속 변신을 시도했다. 단순한 OTT 플랫폼에 머무르지 않고 독점적인 콘텐츠 제작에 집중함으로써 시장에서 독보적인 위치를 확립했으며, 현지 언어로 콘텐츠를 제작해 지역적인 차별화를 꾀함으로써 글로벌 시장으로 자신의 영토를 확장했다. 이런 변태의 과정은 기존의 모델을 깨고 새로운 가능성을 탐색하는 과정에서 이루어졌고, 죽음과 부활을 거치면서 넷플릭스는 오늘날 온라인 스트리밍 산업에서 초일류 기업으로 우뚝 섰다.

갤럭시는 아직 애벌레 상태다. 메타버스로 인간의 삶을 혁신하겠다는 비전을 실현하려면 우리가 이뤄낸 것을 스스로 부수고 다시 새로운 것을 올리는 과정을 반복해야 한다. 그것이 비록 찰나의 순간에 불과하더라도 아름다운 날개를 펴기 위해 땅속에서 오랜 시간 죽음의 상태로 준비하는 나비처럼, 후손에게 DNA를 물려주기 위해 여왕개미에 자신의 모든 일생을 헌신하는 개미처럼, 갤럭시는 죽음과 부활을 반복하며 참혹한 고통을 이겨낼 각오가 되어 있다.

죽음과도   같은   고통을   이겨내고서야

성장은
때로 참혹한
고통을 수반한다.
알에서 애벌레로,
애벌레에서 번데기로,
번데기에서 다시 성충으로
변태를 거듭하며 성장하는 과정에서
나비는 알을 깨고 나오기 위한 힘겨운 몸부림,
번데기 속에서 새로운 몸을 만들기 위한 고통을 겪는다.

비 로 소   아 름 다 운   날개를   펼   수   있 다 .

보 이 지
않 는 것 을
본   다

요즘 젊은 MZ세대는 제품이나 서비스를 선택할 때 세계관을 중요하게 여긴다. 그에 발맞춰 잘나가는 기업과 브랜드도 너 나 할 것 없이 자신만의 '세계관'을 내세운다. 소비자에게 선택받기 위해서가 아니더라도 기업의 세계관은 중요하다. 세계관은 기업이나 조직이 어떤 가치를 중시하고, 어떤 방향으로 나아가려 하는지를 보여주며, 구성원들에게 공통의 목표와 가치를 제시함으로써 내부 구성원을 하나로 결집하는 역할을 한다. 또한 고객과 이해관계자에게 기업의 가치를 전달함으로써 이들과 신뢰를 쌓는 데 도움을 주며, 외부에 보여지는 이미지 형성에도 큰 영향을 미친다. 소비자와 파트너들은 그 기업의 세계관을 통해 기업의 가치와 신뢰를 판단하기도 한다.

무엇보다 기업의 세계관은 지속 가능한 성장 면에서 중요한 역할을 한다. 명확하고 독특한 세계관은 경쟁이 치열한 시장에서 살아남기 위한 핵심 도구가 되기도 한다. 예컨대 '디즈니'라는 단어를 보면 우리는 절로 꿈과 희망을 떠올린다. 디즈니의 콘텐츠는 하나같이 현실세계의 어려움과 고난을 극복하고 결국에는 꿈을 이루는 주인공들의 이야기를 담고 있다. 착하게 살아야 꿈을 이룬다는 디즈니의 세계관은 그들이 만들어내는 수많은 콘텐츠에 공통으로 담긴다. 그래서 꿈과 희망이 필요할 때 우리는 디즈니의 영화와 애니메이션을 찾는다. 세계관이 명확한 또 다른 기업으로 글로벌 아웃도어 브랜드 파타고니아를 꼽을 수 있다. 파타고니아는 지속 가능한 패션의 대명사로 불린다. 자신들이 만든 제품을 사는 것이 곧 지구를 살리는 일이라는 메시지를 끊임없이 소비자들에게 전달한다. 소비자들은 파타고니아의 로고가 들어간 옷을 입는 것으로 자신의 신념과 가치를 드러내기도 한다.

우리 모두 각자의 사상과 세계관으로 살아가듯, 기업의 세계관은 그 자체로 기업의 철학이자 정체성이 된다. 디즈니에게 세상은 착하게 사는 사람들이 꿈과 희망을 이루는 곳이라면, 갤럭시에게 세상은 현실과 가상의 무한 순환을 통해 꿈을 이루고 진정한 행복을 찾을 수 있는 곳이다. 상상의 주체는 갤럭시이며, 행복을 얻는 주체는 전 세계 인류이다.

갤럭시 언과
미 리 내

기존의 사고로 이런 세상을 실현하는 것은 불가능하다. 그래서 갤럭시의 정체성은 달의 뒷면을 개척하는 외계의 탐사자다. 우리가 바라보는 달은 늘 같은 면이다. 달의 자전 주기와 공전 주기가 같기 때문인데, 달이 한 바퀴 자전하는 동안 지구 주위를 한 바퀴 공전하기 때문에 지구에서는 항상 달의 같은 면밖에 볼 수 없다. 갤럭시는 보이지 않는 달의 뒷면을 보려는 기업, 그동안 발견하지 못한 금광을 누구보다 먼저 찾아내려는 기업이다. 그래서 갤럭시의 탐사자들을 '갤럭시언$^{galaxien'}$이라고 부른다. 갤럭시언은 은하계를 뜻하는 'galaxy'와 외계인을 뜻하는 'alien'의 합성어인데, 외계인처럼 혁신적인 사고를 하는 존재들이라는 뜻이다.

갤럭시언은 '미리내'라는 세계관으로 서로 연결되어 있다. 미리내는 '은하수'의 순우리말로, 불규칙한 모양을 가진 여러 행성의 무리를 가리킨다. 수억 개의 별이 거대한 소용돌이 모양으로 질서를 이루고 있는데, 지구에서 이것을 바라보면 마치 거대한 띠 혹은 거대한 강물처럼 보인다. 미리내의 '미리'는 '미르'에서 변화했다고 보는 것이 일반적인 시각이다. '미르'는 가상의 동물인 용龍을 뜻하며, '내'는 작은 물줄기를 뜻하는 한자 '천川'의 순우리말이다. 그러므로 미리내는 '용처럼 길게 이어진 내' 또는 '용이 사는 신비스러운 내'를 뜻한다.

은하수가 단순히 거대한 별무리의 빛깔과 모양을 묘사한다면, 미리내는 천체의 신비에 대한 우리 조상들의 상상력이 깃든 말이다. 마찬가지로 갤럭시의 미리내에는 무한한 상상력이 깃들어 있다. 어둠으로 가득한 무한한 우주에서 수많은 별이 동맹을 맺어 성단^{星團, star cluster}을 이루듯, 무한한 가능성으로 덮여 있는 '어둠'을 밝히는 '빛'의 성단을 이루는 창의적인 인재들의 동맹체가 바로 갤럭시의 미리내이다.

메타버스를 향한 갤럭시의 혁신적인 세계관이 담긴 '미리내'는 현실과 가상의 무한 연결을 통해 과거, 현재, 미래를 아우르는 시간의 다양성을 경험함으로써 꿈과 행복을 찾는 순환 구조를 갖고 있다. 앞에서도 언급한 바 있지만, 현실에서는 지나간 어제를 되돌릴 수 없고, 미래를 현재로 불러올 순 없다. 그러나 갤럭시의 세계관인 '미리내'에서는 가능하다. 미리내에서는 다양한 페르소나를 가짐으로써 포기하거나 미뤘던 꿈을 이룰 수 있으며, 보고 싶었던 사람들을 만나 추억을 되짚고, 그것을 바탕으로 미래를 향해 힘차게 나아갈 수 있다. 행성이 무리를 지어 빛을 내듯 미리내에서는 가상세계의 100억 명, 1,000억 명의 인구가 함께 새로운 세상을 만들고, 그 안에서 새로운 가치와 삶을 꿈꿀 수 있게 된다.

돈보다 중요한
10가지 가치

갤럭시가 이러한 초월적 가치를 추구하는 이유는 무엇일까. 유니콘이 되기 위해서일까? 갤럭시에게 중요한 것은 돈이 아니다. 돈을 벌고자 했다면 이보다 더 쉬운 사업에 투자해도 되었을 것이다. 갤럭시가 메타버스를 통해 새로운 세상을 만들어나가는 것은 거기에 돈보다 중요한 가치가 숨어 있다고 믿기 때문이다. 갤럭시가 최우선 가치로 생각하는 10가지는 행복, 사람, 꿈, 사랑, 가족, 사상, 무한, 마하, 초일류, 우주다.

앞의 5가지는 갤럭시가 추구하는 메타버스가 전적으로 '인간'에 가치를 두고 있음을 보여주는 것들이다. 'Galaxy is human, Human is galaxy', 즉 인간이 곧 우주이며, 갤럭시는 인간을 위한 비즈니스를 하는 기업이라는 뜻이다. 거듭 강조하건대 갤럭시가 메타버스를 통해 추구하는 비전과 가치는 '인간의 행복'이다. 그렇다면 무엇으로 행복하게 할 수 있을까? 이 질문에 대한 갤럭시의 답이 바로 '꿈'이다. 현실과 가상이 연결된 메타버스는 또 다른 꿈을 꾸고, 또 다른 삶을 살 수 있는 공간이다. 현실의 제약을 넘어선 그곳에선 그 무엇도 될 수 있고, 그 무엇도 할 수 있다. 그런 공간이 수없이 많이 생긴다면 사람들은 본캐와 부캐 사이를 오가며 잃어버렸던 꿈과 희망을 되찾을 수 있다. 꿈과 희망

세상을 바꾸는 사람들

을 되찾은 사람들에게 갤럭시가 문화기업으로 줄 수 있는 가치는 바로 '사랑'이다. 자기 성장을 통해 스스로를 사랑하도록 돕고, 더 나아가 가족, 부모, 동료, 인류를 사랑하는 박애의 정신을 키우는 것이 갤럭시가 해야 할 일이다.

뒤의 5가지는 갤럭시가 추구하는 사업적 가치들을 보여준다. '상상'은 갤럭시가 가진 큰 무기이다. 남들이 불가능하다고 여기는 것에 도전하고, 남들이 보지 않는 것을 보는 외계인 같은 존재가 바로 갤럭시언이다. 그래서 갤럭시는 사상 기업이자 상상하는 기업이다. 이러한 상상을 통해 갤럭시가 추구하는 것은 '무한'이다. 망자와 과거의 인물을 되살리고, 현생의 기억과 기록을 남기는 비즈니스에 필사적인 이유다. 현실과 가상의 무한한 순환을 통해 갤럭시는 영원히 살아가는 불멸의 아바타 세상을 꿈꾼다. 이런 꿈을 모든 인류와 나누기 위해 갤럭시는 상식을 뛰어넘어 빠르게 성장해야 한다. 미지의 세계를 탐험하는 프런티어와 같이 남들이 하지 않는 방식, 남들이 가지 않는 길을 선택해 마하의 속도로 성장해야 한다. 마하의 속도로 성장하기 위해 갤럭시는 경쟁보다는 갤럭시의 세계관에 동의하는 기업들을 모두 아우르는 동맹을 맺어 초일류 기업으로 나아가고자 한다. 이를 위해 갤럭시는 스타트업임에도 백 개의 청년 스타트업을 길러내고 천 명의 갤럭시 키드를 길러내고자 힘쓰고 있다.

갤럭시에게 메타버스는 또 다른 지구이자 새로운 우주다. 일론 머스크가 인류의 행복한 삶을 위해 실제 우주로 가고 있다면, 갤럭시는 똑같은 목적을 위해 현실과 가상이 공존하는 우주인 메타버스로 간다.

오   직
인 간 을 위 한
비 즈 니 스

스타트업의 존재 가치는 세상이 필요로 하는 것을 발견하고, 자신만의 혁신적인 방식과 솔루션으로 그 필요를 충족시켜주는 데 있다. 그래서 '스타트업'과 '혁신'은 종종 동의어로 사용된다. 갤럭시가 꿈꾸는 미래는 모든 인류가 전 생애주기에 걸쳐 행복을 느끼며 사는 세상이다. 바꿔 말하면 21세기를 살아가는 현 인류가 여전히 행복의 언저리에서 충만함을 느끼지 못한 채 살아가고 있다는 이야기다.

2024년의 해가 떠올랐지만, 대한민국에 사는 사람들의 행복지수는 그리 높지 않다. 각종 언론을 통해 발표되는 자료는 부정적인 것들 일색이다. 그중에서도 가장 가슴 아픈 결과는 우리나라 청소년의 자살률(인구 10만

명당 자살자 수)이다. 대한민국 청소년의 자살률은 계속 증가해 11.7명에 이르며, 이는 OECD 평균인 6.4명의 거의 두 배에 가까운 수치다. 아동권리보장원이 실시한 '2022년 아동권리 인식 조사' 결과에 따르면 대한민국 아동의 행복도 점수는 2021년 69.22점으로 2021년의 75.75점에서 크게 하락했다. 이들이 행복하지 않은 이유는 주로 학업이나 가정불화 때문으로 조사되었다.

이들만큼이나 청년의 좌절감도 점점 깊어지고 있다. 서울연구원이 조사한 바에 따르면 경제 활동을 하는 20대 청년의 70%는 부모보다 사회경제적 지위가 낮아진 것으로 조사되었다. '부모 세대와 비교해 청년 세대가 사회경제적으로 기회가 더 많은가'라는 질문에 그렇다고 답한 응답자는 겨우 18.1%였다. 이러한 문제는 이미 미국과 유럽에서도 세대 갈등을 일으키는 핵심 요인으로 지목되고 있다.

청년들의 경제적 독립이 늦어진 탓에 자식들을 더 오래 부양해야 하는 중장년층의 삶은 예전보다 더 고단하다. 점점 짧아지는 사회적 연령, 점점 길어지는 부양의 의무에 짓눌린 이들에게는 노후 걱정이 짙게 드리워져 있다. 통계청의 '2023년 경제활동인구조사 고령층 부가조사'에 따르면 중장년이 직장에서 퇴직하는 연령은 평균 49.4세다. 연금을 받기까지 10년 넘게 말 그대로 '암흑기'를 살아내야 한다. 중장년의 이러한 고민은 그대로 노년의 삶으로도 이어진다. 노년의 빈곤 문제와 관계의 결핍에서 오는 정서적 고립 문제는 그 수치가 너무 가혹해서 여기서 언급하고 싶지도 않다.

인간의, 인간에 의한, 인간을 위한
메타버스

갤럭시가 사람들에게 주고자 하는 것은 일자리나 장학금 같은 것이 아니다. 인간이 가장 불행할 때는 고난과 고통이 닥쳤을 때가 아니라 고난을 넘어서고 고통을 참아낼 수 있게 해주는 꿈과 희망이 사라졌을 때다. 청년들이 좌절하는 것은 열심히 애쓰고 노력해도 더 나아질 수 있다는 희망이 희박해서다. 이들에게 필요한 것은 노력하면 더 나아질 수 있다는 꿈과 희망이다. 그래서 갤럭시는 인간 생애주기 전체에 걸쳐 총체적인 행복을 제공하는 솔루션을 궁리하고 있다. 청소년과 청년들에겐 꿈을 심어주고, 장년과 노인들에겐 풍요롭게 살 수 있다는 희망을 주고 싶다.

문제가 분명하고 가야 할 길이 정해졌다면 그것을 실현해줄 도구만 찾으면 된다. 인터넷과 스마트폰이 등장해 우리의 삶은 이전과는 상상할 수 없을 만큼 다채롭고 편리해졌다. 그런데도 인간의 마음속 구멍은 점점 더 커지기만 한다. 그렇다면 우리에게 다른 무언가가 필요하다는 이야기다. 갤럭시는 그것을 해결할 도구로 메타버스를 선택했다.

메타버스가 사람들에게 꿈과 희망을 되찾아줄 수 있을까? 나는 감히 그렇다고 생각한다. 메타버스가 인간의 삶을 더 풍요롭게 할 수 있을까? 나는 그렇다고 확신한다.

우선, 청소년과 청년들에게 필요한 것은 '성장'이다. 메타버스가 이들에게 제공해야 하는 것은 성장할 수 있는 기회다. 성장하기 위해서는 절대적인 시간을 들여 공부하고, 경험을 쌓고, 사회적으로 교류해야 한다. 그런데 대한민국 청소년들은 너무 바쁘다. 무한 경쟁에 노출된 이들은 학교에 다녀와서도 밤늦게까지 학원에서 공부해야 한다. 당장 눈앞의 문제를 해결하는 데 모든 시간을 쏟다 보니 자신을 탐색하고 주변을 돌아보며 성찰할 시간과 에너지가 남아 있지 않다. 정서적 결핍과 인문학적 소양 부족으로 이들은 종종 학교 폭력이라는 형태로 자신의 그릇된 욕망을 분출하기도 하고, 자살이라는 극단적인 선택을 하기도 한다.

만약 이들에게 자신의 아바타가 있다면 어떨까. 자신과 똑같은 모습의 아바타를 마치 거울 보듯이 매일 대면할 수 있다면 어떨까. 일기를 쓰듯 매일 매 순간 비주얼화된 가상의 나와 교감한다면 자신을 분노하게 했던 일들을 객관적 시각에서 바라보고, 실수에서 교훈을 얻고, 타인의 입장을 훨씬 더 잘 이해하는 지혜롭고 사려 깊은 사람으로 성장할 수 있을 것이다. 학교 폭력의 가해자로서 살아갈 나의 인생을 시뮬레이션해 미래를 엿볼 수 있다면 지금의 일탈을 반성하고 다시 원래의 길로 되돌아갈 용기를 얻을 수도 있다.

청소년 시절의 무한 경쟁은 대학에 진학해서도 그대로 이어진다. 좋은 직장에 정규직으로 취직하는 것이 대학에 진학한 이들의 목표다. 12년간 열심히 공부하는 이유가 정규직 일자리를 얻는 것이다. 불행하게도 이들에겐 직업이 곧 꿈이다. 그런데 그 직업을 얻는 것조차 쉽지 않은 현실이다. 더 큰 경쟁이 그들을 기다리고 있다. 좋은 직장에 취직하기 위해 더 많은 시간을 내서 스펙을 쌓아야 하고, 틈틈이 그 비용을 벌기 위해 파트타임 아르바이트를 두세 개씩 뛰기도 한다. 이들에겐 시간이 절대적으로 부족하다.

자신의 꿈이 무엇인지 생각할 시간조차 없는 이들에게 아바타가 있다면 어떨까. 나의 버추얼 아바타가 내가 해결해야 할 일들을 대신 처리해주고, 가상세계에서 나 대신 인플루언서 역할을 해 경제적인 수입까지 벌어준다면 어떨까. 청년들의 머릿속을 가득 메웠던 현실의 문제가 사라지면 그 자리는 원래 주인이었던 꿈과 희망이 다시 제자리를 찾을 것이다. 사랑을 시작하고, 결혼을 꿈꾸고, 미래를 계획할 것이다.

메타버스라면 죽음을 앞둔 노인에게도 풍요로움을 선물할 수 있다. 노인의 삶의 질을 결정하는 것은 주체성이다. 최대한 사는 날까지 존엄성을 지키며 살아가고

자 하는 것이 이들의 소망이다. 몸이 조금 불편하거나 인지 능력이 조금 떨어지더라도 버추얼 아바타가 있다면 가족이나 자녀들에게 의존하지 않아도 된다. 메타버스라면 이 모든 것을 AI 아바타 비서에게 맡길 수 있다. 스마트폰처럼 사용법을 익힐 필요도 없고, 키오스크 앞에서처럼 당황할 필요도 없다. 메타버스는 이들에게 훨씬 직관적인 인터페이스를 제공한다. 기술이 더 발달하면 생각만으로도 가상의 나를 불러들일 수 있다.

노인들에게 필요한 또 한 가지가 있다. 자신의 삶을 정리하는 과정이다. 갑작스럽게 준비되지 않은 상태로 죽음을 맞이하고 싶은 사람은 아무도 없다. 그래서 가족 구성원들에게 자신의 마지막 의지나 생각을 전달하고, 남은 재산을 어떻게 분배할 것인지도 미리 유서로 작성해놓고 싶어 한다. 가능하면 자신의 장례를 어떻게 치를 것인지도 미리 정해놓고 싶어 한다.

이들의 욕망을 실현하고자 지금 진행 중인 프로젝트가 앞서도 소개했던 메타버스 패밀리 뮤지엄이다. 가상의 공간에 지나온 세월 동안 자신이 남긴 모든 행적을 데이터로 남기면 남겨진 가족과 후손이 언제든 기억하고 자신을 불러줄 수 있다. 이 장면을 상상하는 것만으로도 떠나는 발걸음이 조금은 가볍지 않을까. AI 아바타 비서에게 자신의 장례 절차를 준비하게 할 수도 있고, 죽은 후에도 재산과 버추얼 아바타의 IP를 관리해줄 변호사를 선임할 수도 있다. 몸이 조금 불편하더라도 버추얼 아바타만 있다면 모든 것을 주체적으로 진행할 수 있다. 이것이야말로 노년의 삶에 희망을 주는 서비스가 아닐까.

죽음과 함께 모든 것이 끝나고 묻히는 것이 아니라면 삶을 대하는 자세도 달라질 것이다. 살아가는 동안 자기관리를 잘해서 자신의 IP 몸값을 높여놓는다면 사후에도 자신의 이름을 드높일 수 있다. 노년이 되어서까지 지적인 소양을 쌓고, 사람들과 관계를 맺고, 사회에 조금이라도 기여하는 삶을 선택하는 것이다.

지금까지 열거한 것은 갤럭시가 메타버스 시대를 준비하며 생각해온 것 중 극히 일부에 지나지 않는다. 실로 갤럭시는 메타버스에 관한 모든 것을 생각하고 있다.

메 타 버 스
통 일 제 국 을
꿈 꾸 며

메타버스에 대해 생각하는 모든 것을 갤럭시 혼자 구현할 수는 없다. 당연하다. 〈피지컬: 100〉을 비롯해 몇몇 콘텐츠가 큰 반향을 일으켜 해외에 제법 이름이 알려졌지만, 갤럭시는 유니콘에 도전하는 창업 5년 차의 작은 스타트업에 불과하다. 애플이나 메타처럼 헤드셋 기술을 개발하지도 않고, 네이버나 로블록스처럼 메타버스 플랫폼을 갖고 있지도 않다.

'요람에서 무덤'까지 인간 생애주기 전체에 걸쳐 가상과 현실이 공존하는 메타버스 세상이 구현되려면 물리적 현실만큼이나 가상세계의 규모가 커져야 한다. 놀고, 일하고, 관계 맺고, 공부하고, 돈을 버는 현실의 활동 상당 부분을 가상에서 할 수 있어야 한다. 이런 일은 한 기업의 힘으로는 해낼 수 없다. 갤럭시와 같은 작은 스타트업은 더구나 엄두조차 낼 수 없는 영역이며, 서비스 한두 개로 시장의 일부를 석권한다고 해서 이룰 수 있는 꿈이 아니다. 한 나라를 다시 세운다는 각오가 필요한 일이다. 그것도 메타버스라는 가상 우주 공간에 말이다.

그런데 왜 이런 공상과도 같은 생각으로 비즈니스를 하느냐고 되묻는다면, "이런 생각을 하는 기업이 갤럭시뿐이기 때문"이라고 답하겠다. 생과 사, 과거와 현재, 미래가 공존하는 세상을 열어 인간을 행복하게 만들겠다는 원대한 꿈을 꾸는 기업은 이 지구상에 갤럭시뿐이다. 내 인생의 시나리오를 다시 쓸 수 있는 삶, 인생 N차를 꿈꾸는 삶에 대해 진취적인 생각을 품은 기업은 현재로선 갤럭시가 유일하다.

갤럭시가 가진 것은 '인간'의 행복에 집중해 '상상'하는 능력이다. 다른 메타버스 기업들이 공간을 멋지게 만드는 데 집중할 때, 갤럭시는 그 공간에 담길 사람에 주목해 부캐와 아바타로 멀티버스 체험 문화를 조성하는 콘텐츠를 개발하는 데 온 힘을 쏟았다. 그 결과물이 〈부캐전성시대〉와 〈아바드림〉 같은 콘텐츠다. 이러한 콘텐츠를 통해 갤럭시는 부캐 시대를 선언했고, 여기서 한발 더 나아가 버추얼 아바타와 캐릭터로 '또 하나의 삶을 살 수 있는 세상'으로서 메타버스의 새로운 비전을 제시했다.

이러한 콘텐츠는 갤럭시가 창업 초기부터 지향했던 '한류 문화 전달자'로서 역할과도 부합한다. 한류가 전 세계 문화에 미치는 영향력은 굳이 따로 설명할 필요가 없을 정도로 대단하다. 케이팝만으론 한류를 규정할 수 없을 만큼 한국에서 만들어내는 각종 콘텐츠의 파급력이 점점 커지고 있다. 갤럭시는 단순히 돈을 벌고 사람들을 즐겁게 하는 것을 넘어 한류가 인류의 문화 발전에 큰 역할을 하리라 생각한다. 유명인과 연예인의 슈퍼 IP를 확보하기 위해 노력한 것도 이런 맥락에서다. 이들의 IP를 활용해 한류 문화를 확산하고 개인의 삶을 창조하는 콘텐츠를 만든다면 인류의 문화와 삶을 더 풍요롭게 할 수 있다고 믿는다.

"케이팝 가수라고 말하는 건 이류고, 월드클래스 가수라고 말하는 건 일류다. 초일류는 그냥 아티스트라고 말한다."

갤럭시의 세계관에 격하게 공감한 글로벌 슈퍼스타의 이 한마디는 내게 강렬한 영감을 주었다. 자신만이 가진 고유한 능력과 콘텐츠에 집중하는 것이 초일류라는 말이다. 갤럭시가 '상상력'이라는 소프트파워에 집중하는 것이 곧 초일류 기업이 되는 길이라는 뜻이다.

국경을 초월한
메타버스 연합군

꼭 만들고 싶은 세상이 있는데 혼자 힘으로 불가능하다면 같은 생각을 공유하는 기업과 힘을 합하면 된다. 갤럭시의 세계관에 동의하는 우군 기업들과 동맹군을 만들면 된다. 갤럭시는 다가오는 2030년에 가상세계의 통일을 꿈꾼다. 통일된 메타버스 세상에서는 일일이 플랫폼마다 아이디와 비밀번호를 입력해서 입장할 필요가 없다. 버추얼 아바타 하나로 제페토에 가서 친구들과 놀다가 그대로 로블록스에서 게임을 하고 메타폴리스에 가서 일할 수 있게 된다. 지금까지 어느 기업도 하지 못한 일이다.

모두가 잘 알듯이 스마트폰 생태계는 애플이 개발한 독점적인 운영 체제인 iOS 진영과 구글이 개발한 오픈 소스 기반의 운영 체제인 안드로이드 진영의 2가지 생태계를 기반으로 진화 발전해왔다. 두 진영의 경쟁이 스마트폰 생태계를 발전시키는 데 이로운 결과를 제공한 것은 사실이다. iOS는 아이폰, 아이패드, 아이패드 터치 등 애플 제품에만 탑재되는 반면, 안드로이드 생태계는 다양한 하드웨어 제조사들의 제품을 지원해 소비자들은 다양한 가격대와 사양의 스마트폰을 선택할 수 있다. 애플이 제품의 통합성과 보안성에 중점을 두었다면, 안드로이드는 다양성과 개방성을 강조하며 사용자에게 여러 선택지를 제공한다. 사용자들은 이러한 차이를 고려해 자신에게 가장 적합한 스마트폰을 선택해서 사용해왔다.

메타의 마크 저커버그가 일찌감치 VR 헤드셋 개발에 나선 것은 메타버스 생태계를 장악하기 위한 전략으로 읽힌다. 스마트폰 생태계를 애플과 구글에 넘겨준 원인을 하드웨어가 없었다는 데서 찾은 메타는 애플이 아이폰으로 스마트폰 생태계를 장악한 것처럼 VR 헤드셋으로 가상세계 생태계의 주인이 되겠다는 꿈을 꾸고 있다. 이를 위해 VR 헤드셋 개발에 막대한 투자를 하고 있고, 동시에 VR 콘텐츠 개발을 지원하며, VR 기반의 소셜미디어 플랫폼을 출시하는 등 가상세계 생태계 구축에 박차를 가하고 있다.

한동안 메타의 움직임을 관망하던 애플이 2023년 '비전 프로'를 선보이며 하드웨어 경쟁에 참여 의사를 알려왔다. 일각에서는 메타와 애플의 하드웨어 경쟁이 헤드셋 시장의 주도권을 가르는 중요한 요소가 될 것으로 전망한다. 애플은 아이폰, 아이패드, 애플워치 등 다양한 하드웨어 제품을 보유하고 있어 이를 기반으로 메타버스 콘텐츠 생태계를 구축할 수 있는 강점을 보유하고 있다. 스마트폰 생태계를 장악한 애플이 다시 가상세계를 휘어잡을 것인지, 메타가 가상세계의 새로운 주인이 될 것인지를 놓고 갑론을박이 한창이다.

앞으로 펼쳐질 메타버스 생태계에 대해 나는 이들과

조금 다른 생각을 하고 있다. 스마트폰 생태계의 성공 공식이 그대로 메타버스에 적용될 거라고 보지 않는다. 메타버스는 지구상에 없던 새로운 제국을 건설하는 규모의 일이기 때문이다.

현실에서도 새로운 도시를 세우겠다고 나선 나라가 있다. 사우디아라비아 정부는 사우디 북서부에 위치한 사막 지역에 2030년 완공을 목표로 세계 최대 규모의 스마트시티 '네옴^{Neom}'을 건설 중이다. 이 프로젝트 구축에 필요한 예산은 자그마치 5,000억 달러(약 668조 원)에 달한다. 총 26,500km^2 면적의 세계 최대 규모의 스마트시티 구축은 아무리 돈이 많다고 해도 사우디아라비아 혼자 힘으로 할 수 있는 사업이 아니다. IT를 비롯해 인공지능, 사물인터넷, 빅데이터와 같은 첨단기술과 함께 도로, 철도, 공항, 항만, 통신망 등 인프라 구축을 위한 인력과 서비스에 이르기까지 전 세계 기업들의 기술과 투자가 필요하다. 사우디아라비아 정부가 네옴시티에 투자하는 기업에 다양한 인센티브를 제공하는 것은 이 때문이다. 2023년 11월 현재 네옴시티에 투자를 약속한 기업은 2,500여 개에 달한다. 이 중에는 미국의 마이크로소프트, 아마존, 구글, 현대자동차, LG전자 등 글로벌 기업이 대거 포함되어 있다.

메타버스는 도시를 건설하는 차원을 넘어 국가를 건설하는 것 이상의 규모다. 언제 어디서나 정보를 얻고 콘텐츠를 즐기고 쇼핑할 수 있게 해주는 '도구'를 사람들

손에 쥐여준다고 해결될 일이 아니다. 메타버스는 사람들에게 새로운 삶을 만들어주는 일이다. 스마트폰 생태계와는 비교도 되지 않을 만큼 무수한 기업과 사람들, 정부의 힘이 필요하다. 하드웨어, 소프트웨어, 플랫폼, 기술, 서비스, 콘텐츠, 문화, 예술 등 우리 삶에 필요한 모든 것이 녹아들어야만 하나의 제네시스가 창조될 수 있다. 인류가 궁극적으로 추구하는 도시 콘셉트는 이제 스마트시티를 넘어 메타시티로 가고 있다.

엔 터 테 크

혁신을 꿈꾸는

갤럭시의 도전

많은 사업자와 투자자들이 메타버스에서 손을 떼고 떠나갔지만, 갤럭시는 단 한순간도 메타버스를 포기한 적이 없다. 메타버스가 인간을 행복하게 해주는 솔루션임을 의심하지 않았기 때문이다. 물론 기술이 성숙할 때까지 절대적인 시간이 필요하다는 것을 잘 알고 있다. 애플과 삼성이 스마트폰 생태계를 장악하기 위해 치열한 경쟁을 벌였듯, 메타와 애플이 메타버스 생태계를 선점하기 위해 헤드셋 싸움을 벌이고 있다. 헤드셋 개발사에 모든 메타버스 관계자들의 시선이 쏠려 있는 가운데 2024년은 안경처럼 쓰고 보는 스마트폰이 상용화될 것인지, 그것이 대중의 선택을 받아 범용화에 이를 것인지를 가늠하는 중요한 분기점이 될 것으로 보인다. 누가 이 싸움에서 승자가 될지는 모르지만 경쟁을 통해 기술 발전의 속도가 앞당겨지기를 갤럭시는 누구보다 고대하고 있다.

그러나 정작 버추얼 휴먼 아바타 서비스를 위해 헤드셋보다 중요한 기술은 바로 인공지능이다. 언론에서는 2023년을 휩쓴 생성형 인공지능 챗GPT에 메타버스가 뒷전으로 밀려났다는 분석 기사를 쏟아냈다. 하지만 메타버스 사업자들은 누구보다도 인공지능의 진화를 기다려왔다. 인공지능이 단순히 외모나 음성을 비슷하게 만드는 데서 그치지 않고 수많은 데이터를 통해 실시간으로 새로운 자아를 생성한다면 이야기가 달라지기 때문이다. 똑똑해진 생성형 인공지능을 두뇌에 장착하고 자율적으로 판단하고 행동하는 아바타는 본캐의 조작이나 프로그램 없이도 개별 인격체로 자율적으로 활동할 수 있게 된다. 또 다른 내가 '새로운 자아'로 다른 시공간을 스스로 살아갈 수 있게 된다는 이야기다. 자율적인 판단을 하면서 살아가는 과거의 내가 현재의 나와 대화 상대가 되어 조언을 해줄 수도 있다. 내가 길러내는 또 하나의 내가 되는 것이다. 이것이 갤럭시가 240억 '아바' 인구를 만들겠다는 구상의 단초가 되었다. 현재 80억 인구가 각자 과거, 현재, 미래의 3가지 자아로 살아가는 세상을 만들려고 한다. 240억 명은 단지 상징적인 숫자일 뿐 이 수치는 기하급수적으로 늘어날 수 있다.

새로운 테크엔터테이너가
몰려온다

지금 이 글을 쓰는 순간에도 인공지능 기술은 무섭게 진화하며 인류에게 기대와 두려움을 동시에 불러일으키고 있다. 그러나 갤럭시는 인공지능을 인류의 행복을 위해 사용하겠다는 확고한 신념이 있으며, 그것이 충분히 가능하다고 믿는다.

갤럭시가 가장 잘할 수 있는 엔터테인먼트 산업에 인공지능 기술을 적용하는 순간 우리 앞에는 더 신나는 세상이 펼쳐지고, 우리의 라이프스타일은 새롭게 혁신될 것이다. 유명 아티스트의 IP에 인공지능과 로봇 기술을 결합하면 엔터테인먼트는 더 이상 화면 속 세상에 머물지 않고 우리의 일상이 될 것이다. 보고 싶을 때 언제든 좋아하는 아티스트를 만날 수 있고, 심지어 대화할 수 있다. 만약 이러한 세상이 조금 더 일찍 실현됐더라면 전 세계 아미들이 BTS 멤버들이 군복무를 마치고 완전체로 복귀할 때까지 2년 넘게 기다릴 필요도 없었을 것이다. 또한 AI 메타버스 기술은 세상을 떠난 유명인의 IP를 부활시킬 수도 있다. 마이클 잭슨의 AI 아바타와 지드래곤이 합동공연을 펼칠 수 있으며, 비단 지드래곤만이 아니라 내가 그 주인공이 될 수도 있다. 테크놀로지technology와 엔터테이너entertainer가 결합한 '테크엔터테이너'라는 새로운 존재들이 활약하는 시대가 열리는 것이다.

갤럭시코퍼레이션은 AI 메타버스를 통해 인류의 행복을 추구하는 엔터테크 기업을 지향해나가고 있다. 인류가 탄생한 이래 한 번도 경험해본 적 없는 새로운 모험과 혁신의 여정이 우리를 기다리고 있다.

메타버스 3.0 시대를 준비하는
위대한 서퍼

메타버스 2.0 시대를 준비하면서 갤럭시의 시선은 이미 그 너머에 가닿아 있다. 언젠가 인간은 헤드셋이라는 디바이스를 벗어던질 수도 있다. 상당수의 전문가가 다음 세대의 메타버스 기술로 BCI^{Brain Computer Interface}를 꼽고 있다. BCI는 뇌와 컴퓨터를 연결해 서로 직접 상호작용할 수 있도록 하는 인터페이스 장치를 말한다. 뇌에 전극을 삽입하는 방식, 두피에 전극을 삽입하는 방식 등이 있는데, 원래는 신체 장애인이 마비된 신체 부위를 제어할 수 있게 하거나 게임이나 엔터테인먼트에 활용하기 위해 개발되었다. 영화 〈아바타〉와 〈매트릭스〉에서 인간과 아바타를 연결한 것도 이 방식이다.
BCI 기술이 상용화되면 헤드셋을 쓰지 않고도 현실의 내가 생각만으로 아바타를 조종할 수 있고 가상에서 더 완벽한 실재감을 느낄 수 있다. 메타버스 사업자들

세상을
바꾸는 사람들

에게 BCI는 그야말로 꿈의 기술이다. 괴짜 천재인 일론 머스크는 이미 꽤 오래전부터 BCI 기술에서 가능성을 발견하고 뉴럴링크^{Neuralink} 프로젝트를 진행 중이다. 인간의 뇌와 컴퓨터를 연결하여 뇌 활동을 읽고 제어할 수 있는 기술을 개발하는 것이 목표다. 일론 머스크가 괴짜이면서도 천재라는 평가를 받는 것은 이러한 지점 때문이다.

메타버스 1.0에 대한 회의론이 득세하는 상황에서 메타버스 3.0까지 생각하는 것은 너무 성급한지도 모르겠다. 물론 현재의 1.0 버전이 완벽하지 않다는 데는 동의한다. 하지만 나를 포함한 몇몇 기업가들과 투자자들은 이미 현재의 한계를 뛰어넘어 더 혁신적이고 유용한 경험을 제공할 메타버스 2.0을 준비하며 메타버스 3.0이라는 더 큰 파도를 기다리고 있다. 예측할 수 없는 미지의 바다에서 파도를 타는 위대한 서퍼들처럼 말이다. 진정으로 위대한 서퍼는 과감하게 파도에 올라타 물길을 즐긴다. 물결을 타고 바다로 거슬러 올라가 아직 만들어지지 않은 미지의 파도를 향해 나아간다. 메타버스 1.0이 공간을 새롭게 열었다면 메타버스 2.0은 시간을 새롭게 열어갈 것이고, 메타버스 3.0은 인간이라는 존재의 본질을 새롭게 열어갈 것이다. 이렇게 메타버스의 파도는 계속해서 우리에게 다가와 인류의 삶을 두드릴 것이다.

현시점에서 메타버스는 아직 너무 이른 꿈과 희망일 수

도 있다. 장렬하게 전사할 운명의 저주받은 선봉일지라
도 갤럭시는 1%의 확률에 도전하고자 한다. 메타버스
라면 모두가 꿈꾸는 행복한 삶, 꿈과 희망이 있는 삶이
가능하리라 생각하는가? 이 질문에 고개를 끄덕인다
면 갤럭시의 동맹군이 될 자격이 충분하다. 미래는 꿈
꾸는 자의 것이다. 꿈꾸는 사람만이 세상을 변화시키
고, 꿈꾸는 사람만이 세상을 더 나은 곳으로 만든다.

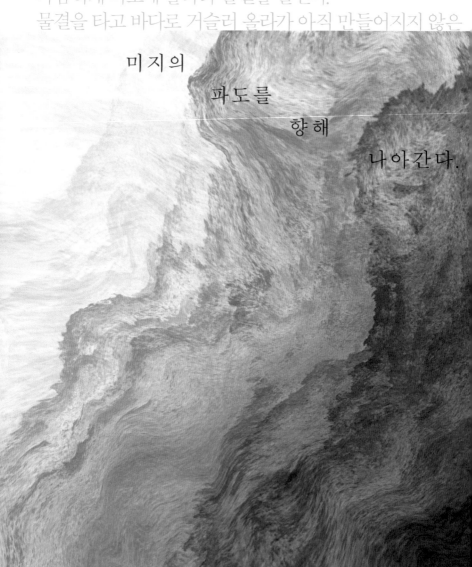

진정으로 위대한 서퍼는
과감하게 파도에 올라타 물길을 즐긴다.
물결을 타고 바다로 거슬러 올라가 아직 만들어지지 않은

미지의

파도를

향해

나아간다.

메타버스의 파도는
계속해서 우리에게 다가와

인류의 삶을 두드릴 것이다。

갤럭시의 7차원 공간

오늘날 많은 기업이 사무 공간을 통해 자신들이 추구하는 세계관을 보여준다. 이는 기업의 가치를 증명하는 놀라운 힘이 있으며, 그 공간에서 일하는 직원들에게 영감과 창의성을 준다. '세계에서 가장 큰 놀이터'라는 슬로건에 맞게 자유롭고 창의적인 분위기로 조성된 넷플릭스의 사무실, 에어비앤비의 다양한 테마를 가진 사무실, 협업을 장려하는 페이스북의 오픈 스페이스, 구글의 창의성을 자극하는 컬러풀한 환경은 공간을 통해 기업의 가치를 시각적으로 표현한 뛰어난 사례다. 이외에도 네이버, 카카오, 삼성 등 많은 기업이 자신의 세계관과 정체성을 공간에 녹여내기 위해 노력하고 있다. 이런 사례는 기업의 사무 공간이 더 이상 단순히 업

무를 수행하는 공간을 뛰어넘어 기업의 가치와 철학을 드러내는 중요한 요소라는 사실을 보여준다.

갤럭시의 사무 공간 또한 '또 다른 지구', '새로운 우주'를 창조하겠다는 회사의 비전과 미션, 세계관을 고스란히 담고 있다. 이 공간에서는 일곱 개의 차원을 경험할 수 있다. 시간(과거, 현재, 미래)과 공간(현실, 가상)의 요소가 각각 결합된 여섯 개의 차원에 인간(아바타)이 더해진 7차원의 공간에서는 메타버스 사업에 뛰어든 갤럭시언들의 절박한 각오와 함께 갤럭시가 추구하는 메타버스가 무엇인지를 오감으로 느낄 수 있다.

시간의 창조 :
과거, 현재, 미래가 공존

갤럭시가 펼쳐나가는 메타버스가 다른 기업들과 무엇이 다른지를 한 눈에 볼 수 있는 사내 공간이 있다. '한국의 월스트리트'라 불리는 서울 여의도가 내려다보이는 건물 꼭대기 36층에 자리한 갤럭시의 사무 공간은 방문객들에게 궁금증과 호기심을 불러일으킨다.

이 사무 공간은 위에서 보면 전체적으로 아령의 모양이다. 가로로 긴 복도가 중앙에 있고, 그 양쪽으로 넓은 공간이 자리한 구조다. 엘리베이터에서 내려 문을 열고 들어서면 우주선 내부 공간처럼 꾸며진 복도가 펼

쳐진다. 마치 영화 속에 들어온 것 같은 기분으로 복도를 지나면 오른쪽에 다른 공간으로 향하는 문이 나온다. 우주선의 조종실이 나올까 하는 기대로 문을 열고 들어서면 예상과는 전혀 다른 공간이 눈앞에 펼쳐진다. 가장 먼저 눈에 들어오는 것은 우주복을 입은 아인슈타인의 동상이다. 이제 막 미래에서 과거로 불시착한 아인슈타인이 이 방의 주인이다. 고풍스러운 가구와 고서가 꽂힌 책장, 아인슈타인이 바로 조금 전까지 무언가를 적었을 것 같은 칠판 등이 미래에서 타임슬립해 20세기 초로 간 것 같은 착각을 불러일으킨다. 복도에서 이 공간으로 들어오는 문의 이름은 'time travel from future to past', 즉 미래에서 과거로의 시간 여행이다. 실제로 이 방과 연결된 외부 테라스엔 뻥 뚫린 하늘에서 방금 불시착한 우주선의 잔해가 박혀 있다.

사람들이 생각하는 시간의 흐름은 대개 과거에서 현재로, 현재에서 미래로 이어진다. 그런데 이 공간에서는 반대로 미래에서 과거로 거슬러 올라간다. 이 경험을 통해 방문객들은 미래에서 과거, 과거에서 현재, 현재에서 과거로 다양한 시공간을 넘나드는 유연한 사고를 직접 체험해볼 수 있으며, 우리가 앞으로 살아갈 메타버스 세상을 잠시나마 느낄 수 있다.

기술적으로든 문화적으로든 메타버스를 이야기하는 기업 가운데 '과거'와 '죽음'을 이렇게 진지하게 이야기하는 기업은 없다. 실제로 과거를 이렇게 시각적으로 가시화해서 보여준 기업도 전무후무하다. 모두가 현재와 미래만을 이야기하며, 조금이라도 더 미래의 모습을 보여주려고 애를 쓴다. 하지만 갤럭시는 이 공간을 통해 미래에서 과거로 되돌아가는 것이 불가능하지 않으며, 과거를 되살려내고 죽음을 초월하는 것이야말로 진정한 메타버스라는 것을 느끼게 해준다. 이곳에는 새로운 세상의 문을 가장 먼저 열고, 거기에 전 세계인 누구나 들어올 수 있게 하겠다는 갤럭시의 비전 또한 담겨 있다.

과거와 현재, 미래를 연결한다는 갤럭시의 핵심가치를 보여주는 공간은 곳곳에서 발견된다. 다른 건물 36층 복도 공간에 위아래로 꼭짓점을 마주하고 있는 두 개의 피라미드와 '우주의 길'이라는 이름을 가진 복도가 대표적이다. 복도 중앙에서 푸른 빛을 발하는 피라미드는 '과거', 그 위에 거꾸로 천장에 매달려 있는 역피라미드는 '미래'를 상징한다. 그래서 36층의 이 공간은 과거와 미래를 연결하는 현재의 공간이다. 이 두 개의 피라미드는 과거와 미래를 연결한다는 의미도 있지만, 오프라인의 현실과 온라인의 가상을 연결하는 메타버스를 상징하기도 한다. 피라미드를 지나 이어지는 '우주의 길'은 긴 터널 모양인데, 지구가 탄생하기 전의 카오스와 우주의 무한함을 담고 있다.

GALAXY CORP.

미래의 창조:
죽음과 부활의 공간

여의도 중심지 랜드마크 53층 꼭대기에 자리한 사무 공간은 갤럭시의 미래 공간이다. 이 공간을 방문한 사람들은 갤럭시가 품고 있는 '죽을 각오'가 무엇인지를 시각적으로 경험할 수 있다. 차가운 철제 책상에서부터 철창을 연상케 하는 프레임, 변기 모양의 의자 등 전체적으로 감옥을 연상시킨다. 그런데 분위기와 어울리지 않게 이 공간의 이름은 '미래와 행복의 창조 공간'이다. 밝은 미래가 즐겁고 편한 자리에서 나올 리 없으며, 절박하게 목숨을 걸고 고민해야 인류의 행복한 미래를 만들 수 있다는 갤럭시의 신념과 CHO 최용호의 '죽을 각오'가 이 방에 그대로 담겨 있다.

이 공간의 전체적인 모티브는 미국 유명 드라마 〈프리즌 브레이크 시즌 1〉이다. 이 드라마의 마지막 화에는 드라마 역사에 길이 남을 매우 인상적인 장면이 등장한다. 주인공 마이클 스코필드(웬트워스 밀러 분)가 탈옥 직전에 옷을 벗자 그의 상반신에 빼곡히 새겨진 문신이 드러나는 장면이다. 그의 몸에 그려진 것은 탈옥을 위해 그가 설계한 계획과 감옥의 구조도이다. 탈옥에 필요한 도구와 장비, 탈옥에 필요한 시간, 장소, 방법이 묘사된 이 문신 앞에서 다른 설명이나 대사는 필요 없다. 그 자체로 마이클이 얼마나 절박하고 치밀하게 탈옥을

준비했는지 한 번에 알 수 있다.

'미래와 행복의 창조 공간'이라 불리는 이 감방을 탈출하기 직전, 갤럭시언의 몸에는 인간 욕망의 지도와 함께 그곳에 도달할 비밀 지도가 그려져 있을 것이다.

갤럭시의 이러한 각오와 의지를 보여주는 것이 사무실 천장을 장식한 호스들이다. 천장에는 흰색과 빨간색의 2가지 호스가 교차되어 있다. 공기 호스는 '절박함', 영양분 호스는 '상상력'을 상징한다. 갤럭시언은 이 2가지 성분을 서로 공급하며 업무를 수행해 갤럭시가 목표로 하는 메타버스 세계를 구현해나가고 있다.

그렇다면 갤럭시언의 정체는 무엇일까? 그에 대한 답이 53층 감옥 입구의 '비밀의 방'에 담겨 있다. 우주복을 입은 갤럭시 종족의 우주인이 이제 막 미지의 행성에 발을 착지하려고 하고 있다. 우주 헬멧을 쓰고 있는 탓에 파일럿이 남자인지 여자인지, 청년인지 노인인지 분간할 수가 없다. 더욱이 수십만 년 후의 미래에서 왔는지, 아니면 까마득한 과거에서 왔는지도 알 수 없다. 다만 한 가지 분명한 것은 이 우주인이 그동안 아무도 밟아보지 않았던 새로운 우주 저편에 처음으로 도착했다는 사실이다.

우주의 창조:
무한 상상의 공간

갤럭시의 미션은 무한 상상을 통해 인간에게 행복을 '선물'하는 것이다. 현실과 가상이 매끄럽게 연결되는 메타버스 세상에 사람들이 자연스럽게 빠져들도록 하기 위해선 창조적인 상상력과 아이디어가 필요하다. 갤럭시언들의 주요 서식지인 사무 공간은 물론이고 복도와 입구, 조형물 등은 모두 무한한 잠재력을 끌어내기 위한 장치들로 채워져 있다.

그것을 상징적으로 보여주는 것이 사무 공간에 놓인 책상이다. 책상 중앙에는 정체를 알 수 없는 식물이 장식되어 있다. 이것은 우주 식물이다. 그냥 스쳐 지나갈 수 있는 책상 위의 식물조차도 갤럭시언에겐 관찰과 연구, 고민과 영감의 대상이라는 의미를 담고 있다. 상상력이 흘러넘쳐야 할 회의실 역시 공을 많이 들인 공간이다. 전체적으로 삼각형 구조의 36층 회의실은 우주속 자연을 모티브로 꾸며졌다.

공간을 기획하고 꾸미는 데는 생각보다 큰 비용과 노력이 투입된다. 갤럭시처럼 작은 기업이, 더욱이 가상세계를 통일하겠다는 기업이 오프라인에 이런 공간을 마련한 이유는 무엇일까? 그 답은 이미 이 책의 서두에 나와 있다. 갤럭시가 과거와 현재, 미래를 연결하고, 현실과 가상을 연결하려는 가장 큰 이유는 '현재의 나', '현실의 나'를 돕기 위한 것이다. 과거를 시간 여행하고, 미래를 미리 시뮬레이션해보는 것은 가상에 도피처를 마련하기 위한 것이 아니라 지구에 발을 딛고 사는 현재의 내가 더 나은 삶을 살 수 있도록 돕기 위한 것이다. 그러므로 현실의 공간, 현재의 시간은 갤럭시에게 그 무엇보다 중요한 가치가 있다.

빛   과

어   둠   이

교   차   하   는   순   간

36층에서 내려다보는 새벽의 도심 풍경은
언제나 그렇듯 비밀스러운 매력을 품고 있다.
묘한 고요함이 휘몰아치는 도시는 마치 잠든 사람의
꿈속을 들여다보는 것 같은 착각을 불러일으킨다.
건물들은 그림자 속에 잠기고 차들이 드문드문
도심 한복판을 가로지르며 조용한 멜로디를 흘린다.
귀에 들려오는 건 마냥 멀고 먼 새벽의 속삭임과 침묵뿐.
지금 이 시간은 어제의 이 시간과 분명 다를 텐데
멀리서 바라본 풍경은 별반 다를 게 없어 보인다.
세상을 바꾸겠다는 내 욕심은 어쩌면
새벽빛에 물든 이 도시의 풍경처럼 쉽게 포착되지 않는
그 무언가를 좇는 것에 불과한 건 아닐까.

동이 트기 직전의 차가운 바람이
귀를 얼얼하게 할 때쯤 실내로 발을 들인다.
아인슈타인의 표정이 묘하게 바뀐 것은 기분 탓일까.
오늘은 그에게 기어이 물어볼 말이 있다.
"아인슈타인, 미래는 어떤 곳인가요?
당신은 그곳에서 무얼 봤죠?"
"무한하게 펼쳐진 가능성이죠. 잘 알잖아요, 최 대표.
지금 이 순간에도 미래가 바뀌고 있다는 것을."
콧수염을 만지작거리며 미소 짓던 그가
불쑥 손에 들고 있던 우주 헬멧을 나에게 건넨다.
얼떨결에 헬멧을 받아 들고 당황하는 나를 향해
아인슈타인이 눈을 찡긋한다.

"이제, 최 대표 당신 차례예요."
헬멧에선 아인슈타인의 온기가 그대로 느껴진다.
"전, 어디로 가야 하죠?
당신처럼 미래로 날아가야 할까요?"
"그건 당신이 더 잘 알 텐데요. 행운을 빌어요."
물어볼 말이 남았는데
아인슈타인은 이내 입을 다물어버렸다.

헬멧을 들고 다시 밖으로 나온다.
그새 도심의 풍경은 바뀌어 있다.
밤의 어둠이 서서히 희미해지면서 건물들의 윤곽이 분명해지고
도시는 생기를 다시 찾아가고 있다.
그 순간 테라스에 묻혀 있던 우주선이
거대한 소음과 함께 꿈틀대며 일어서기 시작한다.
나는 아인슈타인이 건넨 헬멧을 서둘러 쓴다.
우주선에 올라타기 전
잠시 아내와 아들의 사진을 꺼내 본다.
그리고 갤럭시언 한 명 한 명을 떠올려본다.
막상 조종석에 앉으니 사방이 고요하다.
그 순간 건물 사이로 붉은 해가 모습을 드러내기 시작한다.
떠나야 할 시간이다.
버튼을 누르자마자 요란한 소리를 내며
우주선이 떨리기 시작한다.

이제, 나는, 태초로, 간다.

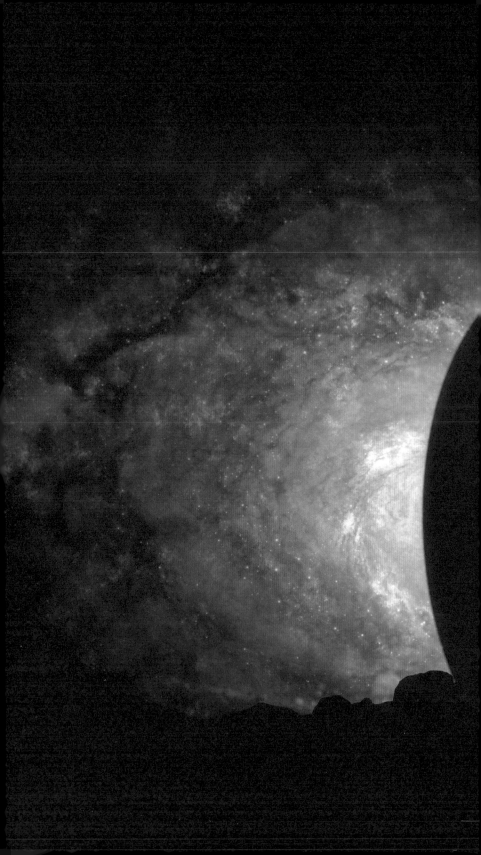